Patchwork Patronenboek

PATCHWORK & QUILT BIBLIOTHEEK

Patchwork Patronenboek

Karin Pieterse

BECHT • HAARLEM

Andere boeken van Karin Pieterse in de Patchwork en Quilt Bibliotheek:
Handboek voor patchwork en quilts
Quilts voor de kinderkamer
Applicatiepatronen
Tips voor quilters
Sterpatronen
Patchwork van restjes en beetjes
Feestelijk patchwork

Andere titels in de Patchwork en Quilt Bibliotheek:
Hanne Vibeke de Koning-Stapel, *Patchwork quilts op de naaimachine*
Rachel T. Pellman, *Patronen voor Amish Quilts*
Janet Bolton, *Patchwork uit de lapjesmand*
Nieuwe titels in de Patchwork en Quilt Bibliotheek zijn in voorbereiding.

Derde druk 1997

Omslagontwerp: Volken Beck
Layout en illustraties: Bertil Merkus
Fotografie: Sam Dunlop

ISBN 90 230 0897 9 / NUGI 441

Inhoud

Woord vooraf

Er bestaat zo'n enorme verscheidenheid aan patchwork-patronen dat het heel aantrekkelijk is om een quilt te maken die is opgebouwd uit allemaal verschillende patronen. In Amerika wordt het resultaat een *sampler quilt* genoemd, wat zoiets als 'merklap-quilt' betekent.
Met de term quilt bent u waarschijnlijk wel vertrouwd: er wordt een gewatteerde, doorgestikte deken mee bedoeld.
Net zoals jonge meisjes vroeger de verschillende steken en motieven leerden borduren door het maken van een merklap, kunt u aan de hand van een *sampler quilt* van alles leren over patchwork en quilten. Terwijl uw quilt groeit, wordt u steeds handiger, niet alleen in het naaien maar ook in het knippen van de verschillende vormen. Iedereen met enige patchwork-ervaring zal weleens de verzuchting 'Wat een werk is dat naaien!' geslaakt hebben. U moet echter niet vergeten dat het voorwerk – patroondelen aftekenen op de stof en vervolgens uitknippen – minstens zoveel tijd vergt.
Tijdens het werken aan uw *sampler quilt*-blokken zult u merken dat niet alleen het naaien u op den duur gemakkelijker en sneller afgaat, maar dat ook het voorwerk minder tijd in beslag gaat nemen.
Een ander voordeel van het werken met verschillende patronen is dat het heel afwisselend is. Het almaar herhalen van één patroon kan, hoe mooi het uiteindelijke resultaat ook is, saai worden.
Bij de *sampler quilt* is elk nieuw patroon een uitdaging, met eigen eigenaardigheden. Een ronde vorm vraagt bijvoorbeeld een heel andere aanpak dan een achtpuntige ster of een eenvoudig patroon dat in vieren te delen is.

Het maken van een *sampler quilt* is dus heel leerzaam. Het is dan ook geen wonder dat dit vaak het eerste project is dat cursisten na het volgen van een basiscursus ter hand nemen. Ook als u patchwork uit een boek leert, kunt u zich geen betere leerschool dan een *sampler quilt* wensen.
Natuurlijk heeft iedereen gelijk die zegt dat patchwork een tijdrovende techniek is, die een flinke dosis geduld en doorzettingsvermogen vergt. Het is echter tegelijkertijd zo'n prettige, ontspannende bezigheid, dat liefhebbers vaak over hun 'verslaving' spreken. Het is een ontspanning die gepaard gaat met een zekere mate van spanning over de vraag hoe het uiteindelijke resultaat eruit zal zien. 'Patchers' weten dat het soms moeilijk is om het werk neer te leggen, want de volgende stap kan alles weer veranderen!

U hebt vast weleens het verhaal gehoord van die oude quilt die in een plastic vuilniszak al klaarstond voor de vuilnisman om vervolgens door een liefhebber gevonden te worden. In Amerika, waar de quilttraditie langer geduurd heeft en intensiever was dan in Europa, schijnen op zolders nog regelmatig antieke quilts gevonden te worden.
Wat er dan tegelijk met die quilts ook vaak te voorschijn komt zijn losse

patchwork-blokken. In een tijd dat men over veel minder communicatiemiddelen beschikte dan tegenwoordig, werden aantrekkelijke patchwork-patronen vaak als proeflap in elkaar gezet om te bewaren en eventueel later te gebruiken. Zoals wij onze patchwork-tijdschriften en -boeken zorgvuldig opslaan zodat ze dienst kunnen doen als naslagwerk en inspiratiebron, bewaarde men in de vorige eeuw patchwork-blokken. De vrouwen beschikten over een grote naaivaardigheid, dus zagen ze er niet tegenop om een blok in elkaar te naaien. Daarbij waren restjes stof vaak minder schaars dan stukken papier.
De meeste oude losse blokken zijn dus gemaakt van een allegaartje aan resten stof. Verder zijn ze vaak niet van dezelfde afmeting. Een patroon dat in vieren te delen is, is bijvoorbeeld makkelijk in een 20-cm-blok te vatten, terwijl voor een indeling in vijven een blokmaat van 25 cm gekozen werd.
Ik heb ooit gelezen dat oudere vrouwen deze 'bewaarblokken' op latere leeftijd aan elkaar naaiden om aldus een document van hun patchwork-leven achter te laten. Zo werden dus, door naaisters die soms de prachtigste quilts gemaakt hadden, ook deze ongelijke blokken met behulp van een tussenstuk en hier of daar of wat geruk en getrek aan elkaar gezet. U begrijpt dat het geheel vaak tamelijk chaotisch was. Met een achterkant en tussenvulling gaf zo'n rommelige quilt op bed echter net zoveel warmte als het fraaiste erfstuk en het resultaat kon met recht een merklap-quilt genoemd worden!
Tegenwoordig maken mensen soms met elkaar een 'vriendschaps-quilt', een *sampler quilt* die men bij een speciale gelegenheid aan een gezamenlijke vriend of vriendin cadeau geeft. Vaak worden van tevoren de kleuren bepaald, maar als iedereen haar eigen stoffen gebruikt is het resultaat onvermijdelijk wat minder harmonieus dan wanneer de quilt door een enkele persoon wordt gemaakt.

De patronen voor een *sampler quilt* kunnen gekozen worden rond een bepaalde vorm, bijvoorbeeld een ster. Er zijn talloze sterpatronen en het is niet moeilijk hiermee een groot vlak te vullen. Ook kan een bepaald thema, bijvoorbeeld de roos, centraal staan. Zo'n onderwerp kan het beste in de applicatietechniek uitgevoerd worden, maar ook dan zijn er veel verschillende patronen te vinden en is het eindresultaat een *sampler quilt*.
Appliqueren is een techniek die zich bij uitstek leent voor het afbeelden van 'plaatjes', zoals boeketten, gebouwen, manden met fruit, enzovoort. Een quilt die uit heel veel verschillende plaatjes is samengesteld, wordt niet een *sampler* maar een *album quilt* genoemd.

De acht in dit boek afgebeelde quilts zijn heel verschillend van elkaar, maar vormen elk voor zich een sterke eenheid.
Dat komt omdat de blokken uiteraard dezelfde maat hebben, maar ook omdat dezelfde stoffen over de hele quilt verdeeld zijn. Bij het rangschikken van de blokken spelen vormen een even grote rol als kleurencombinaties. Vier rondevormpatronen kunnen bijvoorbeeld in de hoeken geplaatst worden, maar ook kunnen hiervoor vier donkere of juist vier lichte blokken gekozen worden.
U ziet bij het bestuderen van de kleurenillustraties dat de blokken van elkaar gescheiden worden door tussenbanen of tussenblokken. Dit is wenselijk, omdat alle blokken immers van elkaar verschillen. De patronen komen op die

manier het mooiste uit en worden door een rustige, krachtige omlijsting versterkt.
Ook de buitenrand speelt, net als de lijst van een schilderij, een belangrijke rol en is bepalend voor het geheel.
De ene quilt vraagt om een patchwork-rand, de andere heeft alleen een strakke omlijsting nodig.

Dit boek wil u helpen met het maken van uw eigen *sampler quilt*.
U kunt kiezen uit 101 patronen, die allemaal 30 x 30 cm groot zijn en dus met elkaar gecombineerd kunnen worden.

Graag wil ik de volgende mensen, van wie quilts afgebeeld zijn, hartelijk danken voor hun medewerking: Anneke Boeijenga, Eleane Fischer-Grijpink, Lisa Hovius, Margriet Sijbrand, Jetta Vermeij, Riet Wolder en Els Worseling.
Sam Dunlop fotografeerde de quilts en Bertil Merkus maakte van al het materiaal een boek. Hiervoor dank ik hen van harte.

Karin Pieterse,
zomer 1995.

1 Voordat u gaat beginnen

Voor wie is dit boek bestemd?

Dit boek is bestemd voor iedereen die van plan is een quilt te maken en behoefte heeft aan inspiratie en patronen. Bij de samenstelling van een quilt kan men immers een keuze maken uit de 101 patronen die achter in dit boek zijn opgenomen.
Wellicht bent u een beginneling, die net de eerste beginselen van patchwork onder de knie heeft en nu klaar is om met iets groots te beginnen. In dat geval kunt u het beste het hele boek goed doorlezen om te zien of er genoeg instructies voor u in staan. Zo niet, dan kunt u het beste ook nog een handboek raadplegen, dat nog meer aandacht schenkt aan de basistechnieken, bijvoorbeeld het *Handboek voor patchwork en quilts* (zie literatuurlijst). Het *Patchwork patronenboek* is te beschouwen als een logisch vervolg op dit handboek.
Maar ook voor quilters met veel ervaring is dit boek heel geschikt. Ze zullen een keuze maken uit de patronen die wat moeilijker zijn en aan deze uitdaging hun hart kunnen ophalen.

De afmetingen van de patronen

Alle patronen zijn 30 x 30 cm groot in afgewerkte vorm, dus zonder naadtoeslag.
De blokken in de quilts op de kleurenillustraties zijn in werkelijkheid echter groter of kleiner dan 30 x 30 cm. Er worden dan ook geen afmetingen onder de afgebeelde quilts vermeld. De werkelijke maten zouden u in de war kunnen brengen. Bij de tekst zult u duidelijke schematekeningen vinden, waaruit u de afmeting die u nodig hebt kunt halen.
De reden dat ik voor blokken van 30 x 30 cm gekozen heb, is dat bij het aan elkaar naaien van de blokken voor zowel tussenbanen als tussenblokken gekozen kan worden. Bij een grotere maat dan 30 cm zijn effen tussenblokken in een *sampler quilt* te massaal en dus niet mooi.

Materialen

Patchwork kan uitgevoerd worden met eenvoudige materialen, die iedereen in huis heeft, maar een aantal speciale dingen zult u toch aan moeten schaffen.
Ik ga ervan uit dat u de lapjes met de hand aan elkaar zet, niet omdat ik iets tegen naaimachinewerk heb, en ook niet omdat dit het patchwork 'minderwaardig' zou maken, zoals weleens verondersteld wordt. In een *sampler quilt* komen echter allemaal verschillende patronen met hun eigen naai-eigenaardigheden voor, en daarom raad ik handwerk aan.
Dit naaien kan het beste gebeuren met '**between**'-**naalden**, die speciaal voor het quilten verkocht worden. Deze naalden zijn kort en scherp en zijn makke-

lijk te sturen en te hanteren.
Katoenen naaigaren splijt nauwelijks en laat zich makkelijker in de naald steken dan polyestergaren. Dit laatste is in meer kleuren te koop, maar meestal kunnen alle lapjes met één kleur garen genaaid worden, bijvoorbeeld een neutraal beige. Onder een **strijkbout** die op katoen staat ingesteld en dus vrij warm wordt, kan polyestergaren smelten en dan is al uw naaiwerk voor niets geweest!
Voor het quilten hebt u **quiltgaren** en zeker een **vingerhoed** nodig. Koop er een met een opstaand randje, waar de naald niet van af kan glijden, en gebruik hem ook voor het naaiwerk.
Een **scherpe schaar** is onontbeerlijk voor het knippen van de lapjes. Stof kan ook gesneden worden met een **rolmes** op een **snijplank** langs een **patchwork-liniaal**. Dit is een investering die u niet direct hoeft te doen. Het gebruik van een rolmes is vooral makkelijk bij het snijden van lange banen of bij het veelvuldig herhalen van één vorm.
Mallen kunt u maken van **schuurpapier** of **paternoplaat**; knip dit met een **oude schaar**.
Voor het tekenen langs de patroonmallen op de stof is een **vulpotlood** erg handig. De punt hiervan is immers altijd scherp. Gebruikt u een gewoon potlood, kies dan een HB en slijp de punt voortdurend bij.
Verder hebt u nog **lijm**, **overtrekpapier** en **spelden** nodig en natuurlijk **stofjes**!

Stoffen

Als u een naaister bent, dan hebt u vast veel restjes stof bewaard – en wat kunt u daar beter mee doen dan er een patchwork-quilt van maken?
U kunt in patchwork-speciaalzaken echter ook terecht voor een keur aan katoenen stoffen in allerlei kleuren van precies de juiste kwaliteit.
Katoenen stof is het meest geschikt, omdat die zich het beste laat verwerken. Maar soms zult u vallen voor het motiefje of de kleur van een lapje van synthetische samenstelling. Een enkel synthetisch lapje mag best in uw werk voorkomen. U zult echter merken dat dit zich minder prettig laat aftekenen, knippen, naaien en strijken.
Katoenen stof kan krimpen in de was. Was daarom alle stofjes van tevoren en toets ze daarbij meteen op kleurechtheid. Stof die afgeeft moet gespoeld worden in koud water met azijn of zout. Als hij blijft afgeven, dan moet u – hoe spijtig ook – hem niet gebruiken.

De afmetingen van de quilt

Een quilt wordt opgebouwd uit blokken. Wanneer er voldoende blokken gemaakt zijn, worden ze in rechte of diagonale rijen aan elkaar gezet. Bij een *sampler quilt* komen tussen de patchwork-blokken tussenbanen of tussenblokken.

In de schema's van afb. 1 t/m 4 vindt u de verschillende manieren van plaatsen van de blokken, plus de afmetingen die erbij horen.
Als u een quilt voor op een bed maakt, dan bepaalt u uiteraard van tevoren aan de hand van het bed de afmetingen. Maar soms zult u ook aan een quilt begin-

afb. 1
Tussenblokken – rechte plaatsing

3 x 3 blokken = 90 x 90 cm
4 x 4 blokken = 120 x 120 cm
5 x 5 blokken = 150 x 150 cm
6 x 6 blokken = 180 x 180 cm
7 x 7 blokken = 210 x 210 cm
8 x 8 blokken = 240 x 240 cm

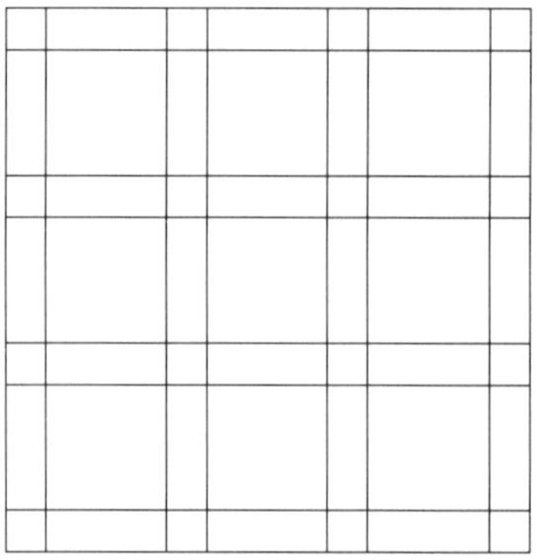

afb. 2
Tussenbanen – rechte plaatsing

3 x 3 blokken = 114 x 114 cm
4 x 4 blokken = 150 x 150 cm
5 x 5 blokken = 186 x 186 cm
6 x 6 blokken = 222 x 222 cm
7 x 7 blokken = 258 x 258 cm
8 x 8 blokken = 294 x 294 cm

afb. 3
Tussenblokken – schuine plaatsing

3 x 3 blokken = 127 x 127 cm
4 x 4 blokken = 170 x 170 cm
5 x 5 blokken = 212 x 212 cm
6 x 6 blokken = 254,5 x 254,5 cm
7 x 7 blokken = 297 x 297 cm

nen zonder een bepaald doel voor ogen te hebben en vaak is het van tevoren moeilijk om te zeggen of de blokken recht of op de punt geplaatst zullen worden. U kunt rustig met deze beslissing wachten totdat u een aantal blokken voltooid heeft.
Regelmatig zeggen cursisten op de eerste les dat ze liever niet zo'n groot werk willen maken. In een later stadium komen ze daar vaak op terug, en uiteindelijk maken ze dan toch een quilt op beddeformaat. Ik leid daaruit af dat het werk eerder mee- dan tegenvalt.
We streven er tijdens de cursus altijd naar om één blok per week te maken en na de eerste schrik lukt dat meestal aardig.

Veel factoren kunnen een rol spelen bij de keuze van het plaatsen van de blokken. Om een idee te vormen van de verschillende mogelijkheden is het goed het volgende door te lezen, maar al het rekenwerk zal u meer zeggen als u zover bent dat u plannen kunt maken om de blokken aan elkaar te naaien. In dat stadium kunt u rustig terugkomen op alle schema's en afmetingen.

Tussenbanen

De maat van de blokken is dus 30 x 30 cm. In afb. 2 en 4 en in de patronenbijlage worden tussenbanen van 6 cm aangehouden. Natuurlijk kunt u voor een smallere of bredere tussenbaan kiezen, maar maak hem niet te smal: de tussenbaan moet de patchwork-blokken immers van elkaar scheiden om elk patroon

afb. 4
Tussenbanen – schuine plaatsing

3 x 3 blokken = 161 x 161 cm
4 x 4 blokken = 212,5 x 212,5 cm
5 x 5 blokken = 263 x 263 cm
6 x 6 blokken = 314 x 314 cm

goed te laten uitkomen.De tussenbanen mogen ook niet te breed zijn. In dat geval kunnen ze erg naar voren komen en meer aandacht vragen dan de blokken. Op afbeeldingen van Amerikaanse *sampler quilts* is dit laatste vaak het geval en het resultaat is beslist niet mooi.

Tussenblokjes in de tussenbanen

Op de kleurenillustraties en de schema's ziet u dat er tussen de tussenbanen blokjes geplaatst zijn. Dit zijn vierkantjes van 6 x 6 cm, die soms zelfs zijn voorzien van een patchwork-patroon.
Meestal wordt voor dit blokje een andere stof gekozen dan voor de tussenbaan, maar zelfs als alles uit één stof bestaat moet u toch de naden aanhouden en geen lange doorlopende repen gebruiken. Het resultaat is anders een soort traliewerk en niet de bedoelde omlijsting van de patchwork-blokken.
Ziet u dat de banen en blokjes ook rondom het patchwork-vlak aan de buitenkant doorlopen en dat pas dan de rand begint?

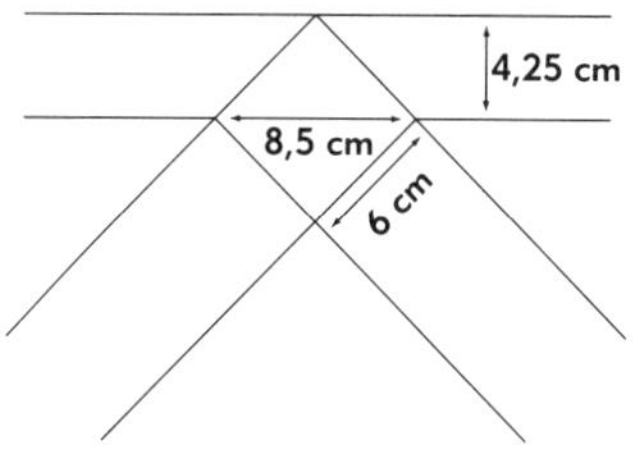

afb. 5 **Schuin geplaatste blokjes vallen half in de buitenbanen**

Schuine plaatsing

Een schuin geplaatst blok heeft in de lengte en breedte gemeten een andere afmeting dan een recht geplaatst blok. Voor een blok met zijden van 30 cm is dit 42,5 cm. Natuurlijk kunt u dit op millimeterpapier aftekenen, maar u kunt ook een berekening maken en de blokmaat met 1,41 (om precies te zijn 1,4142136) vermenigvuldigen. In de schema's van afb. 3 en 4 heb ik dat voor u gedaan en een minieme afronding toegepast.
Ook hier zijn de tussenbanen 6 cm breed. De diagonaal van een tussenblokje van 6 x 6 cm meet 8,5 cm.
Als blokken en tussenbanen schuin geplaatst zijn, vallen er in de horizontaal en verticaal lopende buitenbanen halve blokjes. Deze meten de helft van de diagonaal van 8,5 cm (4,25 cm) en zijn dus smaller dan 6 cm (zie afb. 5).

Halve en kwartblokken

Stel dat u een quilt wilt maken van schuin geplaatste blokken met tussenbanen. Voor de afwerking aan de buitenkant hebt u dan halve en kwartblokken nodig. De afmetingen van deze halve en kwartblokken staan op afb. 6. U vindt hier tevens de maten van de buitenste tussenbanen.
Voor de halve en kwartblokken gebruikt u ook de patronen in de patronenbijlage. Niet elk patroon is echter geschikt om gehalveerd te worden. Leg een blanco vel papier schuin op een patroon en kijk naar het resultaat. U ziet op afb. 7 dat *Wild Goose Flight* (patroon 39) bijvoorbeeld niet geschikt is. De meeste ronde-vormpatronen en de meeste achtpuntige-sterpatronen kunnen wel goed gehalveerd worden.
Voor kwartpatronen legt u nog een blanco papiertje schuin over een patroon (afb. 8). De consequentie van het halveren en het in vieren delen van een patroon is dat u in de meeste gevallen te maken krijgt met halve patroondelen.

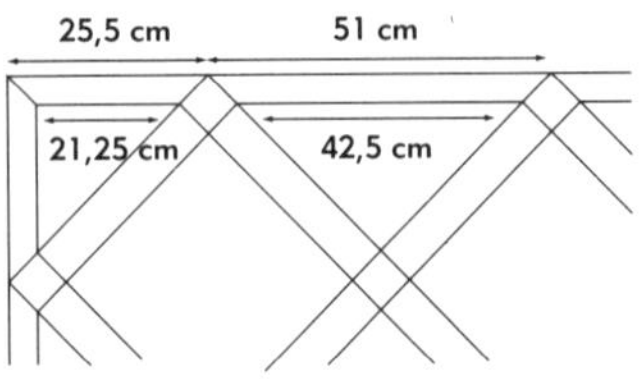

afb. 6 **Halve en kwartblokken in de buitenrand**

Ik loop op de zaken vooruit, maar ik wil u er hier al op wijzen dat het een goede werkwijze is om eerst de hele blokken te naaien en te rangschikken (zie hoofdstuk 4) en dan te bepalen welke patronen en vooral welke kleuren in de halve en kwartblokken moeten voorkomen.
U kunt het geheel nu nog sturen door bijvoorbeeld alleen donkere blokken te maken of door stoffen die niet genoeg in het geheel voorkomen te herhalen.

Tussenblokken

Het plaatsen van tussenblokken uit één stuk stof tussen de toch wel drukke patchwork-patronen wordt vaak als rustgevend ervaren. Mensen die van quilten houden kunnen deze effen vlakken van 30 x 30 cm met een fraai quiltpatroon vullen.
Als er over 'effen' blokken gesproken wordt, dan worden hiermee blokken uit één stuk stof bedoeld. De stof hoeft echter niet effen te zijn, maar kan bedrukt zijn met een patroon.

Recht geplaatste blokken

Als de blokken recht geplaatst worden is een oneven aantal, vooral in de breedte, het mooiste. U begint en eindigt dan met een patchwork-blok. U ziet hiervan een voorbeeld met 5 x 7 blokken op kleurenillustratie 8.

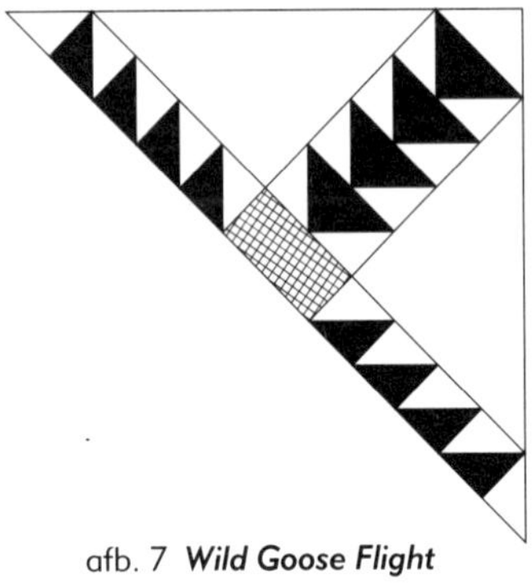
afb. 7 ***Wild Goose Flight* (patroon 39) gehalveerd**

Schuin geplaatste blokken

Zijn de blokken op de punt geplaatst, dan vormen de patchwork-patronen altijd rijen en is elk aantal en elke combinatie goed. Het is mooi om van minimaal drie blokken uit te gaan. Twee blokken naast elkaar toont niet zo mooi, hoewel ze al een breedte van 85 cm beslaan. Voor een kinderbed kunt u dus beter een kleinere blokmaat kiezen.

Schuin of recht geplaatst, tussenbanen of -blokken – de keus is aan u! Als u tussenblokken uit één stuk stof kiest, krijgt u een rustig effect, maar u kunt minder patchwork-blokken maken en ik kan me voorstellen dat het met een

keus uit 101 blokken verleidelijk is om zoveel mogelijk patronen in de quilt te verwerken.

Bij de bespreking van de plaatsing van de blokken heb ik me laten leiden door de acht quilts die in dit boek afgebeeld zijn, maar er zijn natuurlijk meer manieren van plaatsen en combineren mogelijk!

Terugkomend op de afmetingen

Stel dat u een quilt wilt maken voor een bed van 160 x 200 cm en dat de rand aan het voeteneinde evenveel uit moet steken als aan de zijkanten.

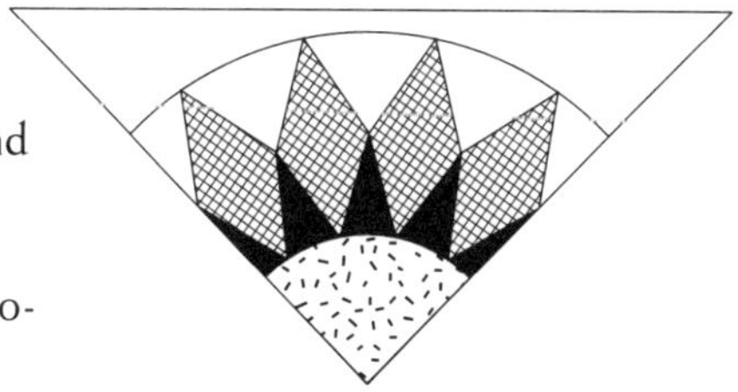

afb. 8 **Kwart van *Oklahoma Sunburst* (patroon 100)**

Recht geplaatste blokken met tussenblokken zouden dan qua maat redelijk goed uitkomen. Bij 6 x 7 blokken is de totale maat namelijk 180 x 210 cm en steekt de quilt bij de zijkanten en het voeteneind 10 cm uit. Met de rand maakt u hem op maat. Een nadeel kan echter zijn dat de breedte uit een even aantal blokken bestaat en dat er met een patchwork-blok begonnen wordt en met een effen geëindigd (of omgekeerd).
U hebt nodig: 21 patchwork- en 21 effen blokken.

Bij *recht geplaatste blokken met tussenbanen* kunt u kiezen voor 5 x 6 blokken (186 x 222 cm). Aan de zijkanten is de oversteek 13 cm en aan de achterkant 22 cm. Dat verschil kan bij de hoofdkussens (die ook enige ruimte vragen) opgevangen worden door de quilt daar iets in te stoppen.
U hebt nodig: 30 patchwork-blokken.

Bij *schuin geplaatste blokken met tussenblokken* komt u op 4 x 5 blokken uit en een totale afmeting van 170 x 212 cm. Deze maat vraagt om een brede rand. Een of meer patchwork-randen met tussenranden zijn daar heel geschikt voor. Ook hier hangt de quilt bij het voeteneinde meer af dan aan de zijkanten.
U hebt nodig: 20 patchwork-blokken, 12 effen blokken, 14 halve effen blokken en 4 kwart effen blokken.

Schuin geplaatste blokken met tussenbanen ten slotte geven met een vlak van 3 x 4 blokken een afmeting van 161 x 212 cm en vereisen dus weer een brede rand.
U hebt nodig: 18 hele, 10 halve en 4 kwartblokken (opgeteld 24), alle van patchwork.

Soms is het mooier om meer patchwork-blokken te maken en een smallere rand te kiezen dan in de voorbeelden hierboven; soms wordt alleen een vlak ter grootte van de matrasmaat met patchwork-blokken bedekt.
U kunt ook overwegen om een rand te maken die bij de zijkanten breder is dan bij het voeten- en hoofdeinde, of omgekeerd.
Elk bed is echter anders; en ook de hoogte en de plaatsing (al of niet vrijstaand) van het bed spelen een rol.
In Amerika is het geven van afmetingen een stuk eenvoudiger, omdat bedden daar standaardafmetingen hebben, namelijk *twin*, *double*, *queen* en *king*.

Een volant

Een quilt kan beter niet tot de vloer reiken, omdat de hoeken dan erg uitsteken en u er zeker op gaat staan. Onze slaapkamers zijn in het algemeen niet zo ruim dat we ons een dergelijke grote quilt kunnen permitteren!
Wanneer u het echter niet mooi vindt dat de poten van het bed zichtbaar zijn, kunt u, afhankelijk van het soort bed, een volant rondom bevestigen die tot de grond valt. Dit kan een strakke strook stof zijn met een stolpplooi op de hoeken, of een geplooide of gerimpelde volant. De quilt valt over de volant en vormt er als het ware een geheel mee. De stof van de volant wordt uiteraard afgestemd op de kleuren van de quilt.
De meest eenvoudige manier om een volant te maken is heel geschikt voor een boxspring (afb. 9). Een strook stof wordt aan een rechthoekig stuk oude of goedkope stof bevestigd dat dezelfde afmetingen als de matras heeft.
Bij andere bedden kunt u met behulp van klitteband, of klitteband (aan de volant) én dubbelzijdig plakband (aan het bed), de volant bevestigen.

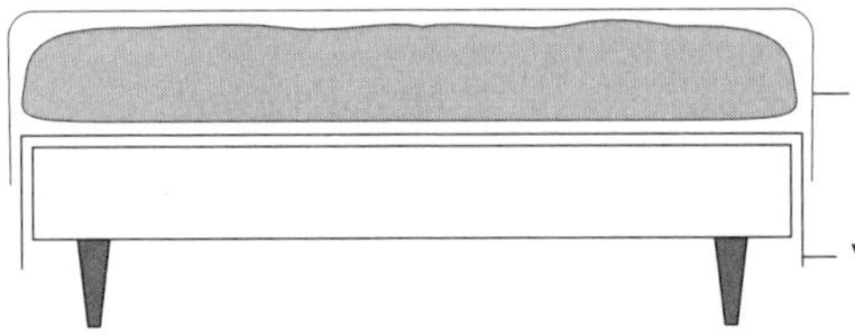

afb. 9 **Een volant die onder een quilt uitsteekt**

Benodigde hoeveelheid stof

Het is moeilijk te zeggen hoeveel stof u precies zult gebruiken. Patronen met veel stukjes vragen meer stof dan patronen met grote vlakken. U zult zich vast weleens vergissen of geknipte lapjes bij nader inzien toch terzijde leggen. U zult merken dat de ene stof favoriet wordt en een andere nauwelijks te gebruiken valt.
In totaal zult u ongeveer tweemaal zoveel stof gebruiken als het vlak groot is. De quilt wordt bijvoorbeeld 2 x 2 m groot en heeft dus een oppervlakte van 4 m^2. Met een stofbreedte van iets meer dan 1 m gebruikt u ongeveer 8 m stof voor het patchwork-gedeelte.
De hoeveelheid stof voor de tussenbanen, tussenblokken, randen en achterkant zijn natuurlijk wel te berekenen; dit wordt later besproken.

Contrasten

Patchwork bestaat bij de gratie van contrast. Zorg dus altijd voor een variatie in uw lapjes. Er moeten donkere, halflichte en lichte bij zijn, maar de mate van contrast bepaalt u zelf.
Rondom het patchwork-patroon komt een neutrale stof die het patroon optimaal doet uitkomen.
Contrast wordt ook gevormd door het dessin van de stof. Kies dus kleine en grote motieven, ruiten, effen stof enzovoort.

1. Wijnrode quilt met tussenbanen en de blokken op de punt, *Els Worseling*

2. Blauwe quilt met patchwork-rand, *Lisa Hovius*

Natuurlijk bestaan er ook weer uitzonderingen.
Bij *Country Living* (patroon 14), *Hovering Hawks* (patroon 22) en *Double T* (patroon 45) kunt u met twee stoffen volstaan, namelijk één gekleurde stof en een achtergrondstof. Spannender is het, en waarschijnlijk meer passend bij de andere blokken, als verschillende, sterk op elkaar lijkende stoffen gebruikt worden, die uit de verte gezien het patroon vooral in zijn geheel tonen, maar van dichtbij toch een zekere variatie geven.

afb. 10 **Werken met band- of randstof**

Patroondelen die doorlopen met een hoek van 45 graden, zoals D4 in *Mrs. Cleveland's Choice* (patroon 25), of die een achthoek vormen, zijn heel geschikt om van 'bandstof' te maken. Dit is stof die in randen (of banden) bedrukt is. Door zorgvuldig op het motief te knippen gaat het patroon de hoek om (afb. 10). In quilt 1 kunt u dat zien bij het middenvierkant van *Card Trick Variation* (patroon 31).

In het algemeen zou ik u willen aanraden een patroon goed te bekijken, te bepalen wat de belangrijkste vorm is en daar de meest dominante lapjes voor te gebruiken. Meestal zullen dat de donkerste zijn, maar het kan ook een opvallende kleur zoals geel zijn of een bijzonder motief.

Om te beginnen

Als u met gekochte lapjes werkt, kunt u het beste met zo'n vijf rolletjes stof beginnen. Dit is per stof een kwart meter. Kies een lapje dat u heel mooi vindt, verder een donkere, een halflichte en een lichte stof, plus een achtergrondstof. U vindt ze natuurlijk allemaal mooi, maar er zijn weleens lappen die eruitspringen, waar je echt op 'valt'.
Wat betreft de achtergrondstof kunt u denken aan een lichte, effen stof, maar een lichte stof met een klein motiefje is ook mooi en zorgt voor een minder streng contrast.
Bekijkt u de kleurenillustraties maar eens, dan ziet u hoeveel mogelijkheden er zijn. Bij quilt 7 is vaak een donkere stof de achtergrondstof, en u ziet wat een warm effect dit geeft. Als u het *Handboek voor patchwork en quilts* in uw bezit hebt, moet u de *sampler quilts* daarin ook eens bekijken.
Ga met deze vijf stofjes aan de gang en bekijk zelf waarmee u ze wilt aanvullen. U hebt waarschijnlijk genoeg tussenkleuren in huis – daarvan is het aanbod namelijk het grootst.
Bepaal of u daarbij lichtere of juist meer donkere stofjes nodig hebt. Ontbreekt er een groot motief of zoiets spannends als een ruit?

Neem afstand van een blok door het op te hangen of ernaar te kijken door een omgedraaide verrekijker. U zult zien dat nu heel andere dingen gaan opvallen.

U bent misschien een half jaar met het naaiwerk bezig en gedurende die tijd zult u blijven aanvullen. Woont u in de buurt van een patchwork-speciaalzaak, dan zal dit uiteraard vaker gebeuren dan wanneer u er een reis voor moet ondernemen.
Neem altijd de genaaide blokken mee als u nieuwe stof gaat kopen. Per slot van rekening streeft u naar een harmonisch geheel.

Plak stukjes stof op een correspondentiekaart en houd deze altijd bij u, voor het geval u tegen een leuke stoffenwinkel of -markt aanloopt.

Voor een harmonisch geheel gebruikt u in het tweede blok een of meer stoffen uit het eerste blok. In het derde blok komt stof terug uit het eerste en/of tweede blok, enzovoort.
Bij een *sampler quilt* bestaat namelijk het gevaar dat er te veel verschillende stoffen gebruikt worden en dat het soms lijkt alsof er aan verschillende quilts gewerkt wordt!
Zorg voor variatie, maar beperk u ook.

Hoeveel kleuren?

Hierin bent u helemaal vrij, maar het lijkt wel of de meeste *sampler quilts* opgebouwd zijn uit twee hoofdkleuren met soms nog een ander accent erbij.
Quilts die gemaakt zijn met één kleur, bijvoorbeeld blauw tegen wit, bestaan vaak uit een herhaling van één patroon. Het kan een uitdaging betekenen om veel lapjes van een kleur te verzamelen en daar een *sampler quilt* van te maken.

2 Over de patronen

Als u een patchwork-patroon wilt tekenen, dan moet u twee dingen doen, namelijk de maat kiezen en de categorie bepalen.
De maat van de patronen in dit boek is, zoals eerder gezegd, steeds 30 x 30 cm.

Patchwork-categorieën

Patchwork-patronen zijn in zes categorieën in te delen, namelijk patronen die te verdelen zijn in een raster van 4 x 4, 5 x 5, 7 x 7 of 9 x 9, patronen die getekend kunnen worden binnen een achthoek, of patronen die uit een ronde vorm (cirkel) bestaan.
Ik laat zeshoeken hier buiten beschouwing, omdat een zeshoek geen vierkant vormt.

De 24 patronen in dit boek die in vieren (of achten) te delen zijn hebben natuurlijk veel patroondelen gemeen. Hetzelfde geldt voor de andere categorieën. Het aantal patroondelen dat nodig is voor 101 verschillende patronen valt dus wel mee.

Alle blokken die in de acht afgebeelde quilts voorkomen (met uitzondering van de eend in quilt 5) kunt u in de patronenbijlage vinden.

Een lijntekening van een patroon zegt vaak niet veel, vandaar dat bij elk patroon ook een 'ingekleurde' versie gegeven is.
Deze inkleuring geeft u een idee hoe de contrasten verdeeld kunnen worden. Bij de lijntekening van bijvoorbeeld patroon 45 ziet u een ster in het middenvlak en vier prominent aanwezige driehoeken aan de buitenkant. Ingekleurd wordt opeens de naam *Double T* duidelijk: de ster verdwijnt en er komen vier T's die diagonaal tegenover elkaar staan te voorschijn.

Als u een patroon gekozen hebt, kunt u voor houvast kijken naar deze inkleuring, maar u kunt ook op de kleurenfoto's kijken in welke quilt het blok voorkomt.
Het is weer helemaal aan u hoe u de stoffen in het patroon gaat verdelen. Trek de lijntekening over en ga zelf met kleurstiften aan de gang; u zult verbaasd staan over de mogelijkheden.

Benaming

Alle patronen hebben een naam. U vraagt zich misschien af waarom dit een Engelse naam is. Nederland heeft immers zelf een belangrijke quilttraditie en we hoeven ons niet altijd op het Amerikaanse patchwork te richten voor

inspiratie. Het moet echter gezegd worden dat de Amerikaanse quilters de uitvinders van de blokmethode waren (Nederlandse quilts bestaan vaak uit een herhaling van één patroondeel) en dat is dan ook de reden dat zij die patronen een naam gaven. Ik heb de traditionele benamingen dus aangehouden en er enkele zelf bij bedacht.
Even heb ik nog overwogen om de patronen alleen nummers te geven of de namen te vertalen, maar het is toch leuker om bijvoorbeeld te refereren aan *Dear Old Dad* dan aan nummer 91 of 'Beste Oude Vader'!

Moeilijkheidsgraad

Bij elk patroon staan één of meer sterretjes. Eén ster betekent een makkelijk patroon, dat een beginneling met een gerust hart kan kiezen.
Het merendeel van de patronen heeft twee sterren; hebt u een goede basiscursus achter de rug of al enkele één-sterpatronen gemaakt, dan leveren deze patronen geen moeilijkheden voor u op.
Ten slotte zijn er de 'moeilijke' patronen met drie sterren. De meeste rondevormpatronen vallen hieronder, evenals enkele van de achtpuntige-sterpatronen en patronen met veel stukjes of lastig geplaatste stukjes.
Het woord 'moeilijk' staat expres tussen aanhalingstekens, want het is een betrekkelijk begrip. Als u de instructie die bij de patronen gegeven wordt goed doorleest en van makkelijk naar moeilijk werkt, dan is iedereen in staat om ook 'moeilijke' patronen in haar quilt te verwerken.
Begin echter niet met bijvoorbeeld *Improved Nine Patch* (patroon 18). Door de ronde vormen is dit een lastig patroon en u kunt beter eerst ervaring opdoen met de patronen met rechte lijnen.

Sommige mensen vinden het belangrijk dat alle patchwork-categorieën in de *sampler quilt* vertegenwoordigd zijn. Dat zou de quilt tot een echte 'merklap' maken. Ik zal proberen iets over de verschillende categorieën te zeggen, hoewel generaliseren hierbij wel moeilijk is. Ik bespreek ze in de volgorde waarin ze ook in de patronenbijlage opgenomen zijn. Bijzonderheden omtrent patronen worden in dit gedeelte meteen besproken. Elk patroon wordt aangeduid met het nummer en de naam waaronder het in de patronenbijlage te vinden is.

Bijzonderheden bij de categorieën

Indeling in vieren of 'four patch'

Bij deze categorie zijn de meeste patronen in vieren gedeeld en sommige in achten. Onze blokken zijn 30 x 30 cm; 30 gedeeld door 4 is 7,5 cm – dat betekent dat de patroondelen vrij groot zijn en dat dit dus een makkelijke categorie is waarbij zelfs de patronen met meer stukjes (8-indeling) niet moeilijk zijn.

Bij *Storm At Sea* (patroon 3) en *Little Giant* (patroon 15) lijkt het alsof er een ronde vorm in het patroon zit. Zou u een passer pakken, dan ziet u dat u geen cirkel kunt vormen. De illusie wordt gevormd door patroondeel E2: een driehoek met drie verschillende zijden, die in een bepaalde combinatie van patronen een 'ronding' kan vormen.

Soms vindt u in één patroon twee verschillende categorieën vertegenwoordigd: *Star and Cross* (patroon 7) is in vieren gedeeld, maar het middenvierkant dat ontstaat (dit is even groot als A3) is in drieën gedeeld en hoort dus bij de 9-indeling (afb. 11).

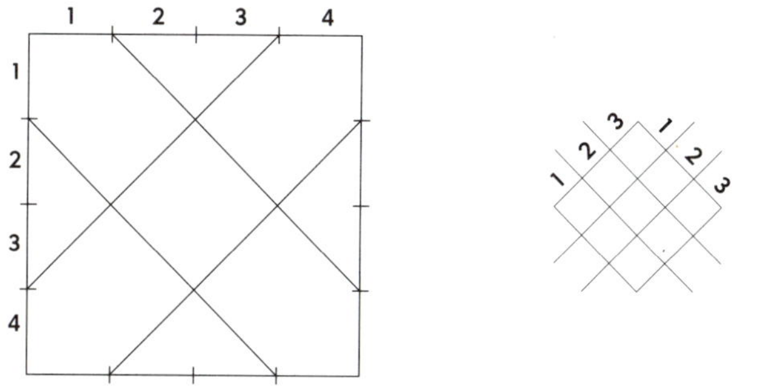

afb. 11 **Twee verschillende categorieën in één patroon: *Star and Cross* (patroon 7) is in vieren gedeeld, maar het middenvierkant hoort bij de 9-indeling**

Indeling in negenen of 'nine patch'

Alle patronen die door 3, 6, 9, 12, enzovoort te delen zijn horen tot de 9-indeling of *nine patch*.
De meeste patronen van deze categorie zijn, in tegenstelling tot wat de naam ons wil doen geloven, in zessen te delen. Dit geeft natuurlijk kleinere stukjes dan bij de 4-indeling. De patronen van deze categorie zijn over het algemeen dan ook iets moeilijker.

Een schuin geplaatst patroon als *Lopsided Tree* (patroon 29) kan het beste in een schuine plaatsing verwerkt worden.
Patroondeel G1 van dit patroon heeft een lastige vorm en met de losse patroonmal zou u waarschijnlijk niet meer weten hoe het in het geheel past. De pijl helpt u en geeft de buitenkant van het werk aan.

Bij *Carolina Pinwheel* (patroon 44) zijn de grote diagonale punten in tweeën verdeeld. Een patroondeel van deze grootte uit één stuk geeft in het geheel al gauw rek.

Indeling in vijven of 'five patch'

Deze categorie heeft veel eenvoudige blokken en patronen die gekenmerkt worden door rechte lijnen, waardoor ze makkelijk te naaien zijn.

Patroondeel K3 is lastig van vorm; met de hulppijl die de buitenkant van het werk aangeeft, kunt u zich echter niet vergissen.

In een enkel geval heeft een patroondeel ook 'hulppuntjes'. Bij *Sandy's Scar* (patroon 51) is dat het geval, namelijk op patroondeel F4. U weet nu precies de plaats van H4 en G2.

Indeling in zevenen of 'seven patch'

Weer een groep patronen met meer stukjes. Hier komt een aantal ingewikkelde patronen in voor met een wat lastige naaiwijze, maar er zijn ook een paar eenvoudige bij.

Bij *Sixpence* (patroon 71) is het mooi om de horizontale en verticale lijnen te benadrukken door A21 en O6 van dezelfde stof te maken. Om het naaien makkelijker te maken, worden in patroondelen vooral rechte lijnen gebruikt, daarom bestaan in dit patroon de vier punten uit twee patroondelen in plaats van uit één.
Soms is het even puzzelen om te ontdekken dat vormen die heel verschillend tonen dezelfde maat hebben. Een voorbeeld is patroondeel P4 in *Spectre Star* (patroon 72).

Achthoekindeling

De achthoek resulteert in achtpuntige-sterpatronen die alle zeer decoratief van uiterlijk zijn. Dat is het eerste kenmerk van deze groep. Een tweede is dat er in het totale patroon niet veel doorlopende lijnen voorkomen en de naaiwijze dus iets lastiger is. Om te tekenen is dit beslist de moeilijkste categorie.

Patroondeel C7 is in tegenstelling tot wat boven staat in één stuk gehouden. De 45-graden-hoek van C7 wijst naar het midden en de kleinere hoek wijst naar buiten. Vindt u dit moeilijk om te naaien, dan kunt u 4 x C7 vervangen door 4 x H6 en 4 x G5 (zie ook het vervangen van patroondelen op bladzijde 24).

W3 in *Patchwork Design* (patroon 87) komt voor in de diagonale punten maar ook in de buitenkant van het werk.
Over moeilijk te herkennen vormen gesproken, wat vindt u van E10 in *Eleane's Choice* (patroon 73) en in *V-Block* (patroon 75)?

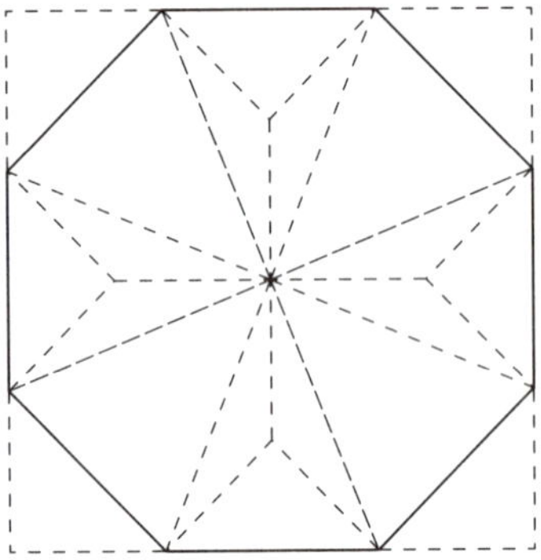

afb. 12 **De acht zijden van een achthoek zijn gelijk aan elkaar, vandaar dat B26 acht maal voorkomt in *V-Block***

De acht zijden van een achthoek zijn uiteraard gelijk aan elkaar, vandaar dat B26 acht maal voorkomt in *V-Block* (afb. 12). Hetzelfde geldt voor K5 in *Castle Wall* (patroon 78).

Als u door dit gedeelte van de patronenbijlage bladert, dan ziet u dat op een aantal patroondelen een pijl staat. Het gaat dan om een patroondeel met een moeilijke vorm, zoals D13, D14, D15 en Z.
Hebt u daar een patroonmal van gemaakt, dan zou u zonder die pijl (die ook op de afbeelding staat) niet weten hoe hij in het hele patroon past.

Ronde vormen

Een ronde vorm is lastig te naaien als hij klein van stuk is, de patroondelen lijken niet op elkaar te passen omdat de een bol en de ander hol is. Dit is dus zeker niet de makkelijkste categorie, maar u ziet dat er ook patronen met één of twee sterren bij zijn.

In het algemeen zijn patroondelen met puntjes erop inclusief 0,5 cm naadtoeslag getekend. Een uitzondering vormen E11 tot en met E14. De cirkels zijn met de puntjes in acht gelijke delen verdeeld; ze dienen als hulppuntjes voor de aanzet op de cirkel. Soms is die in achten verdeeld, zoals bij *Mariner's Compass* (patroon 94), soms in vieren, zoals bij *Sunburst* (patroon 99), en soms in zestien delen, zoals bij *Sunflower* (patroon 96).
Dat soort hulppuntjes vindt u ook op D16; ze dienen op dezelfde manier als houvast voor de punten van de kompas- en zonnebloempatronen.
Patroondelen F14 en F15 van respectievelijk *Oklahoma Sunburst* (patroon 100) en *Sunflower* (patroon 96) zijn niet symmetrisch van vorm en zonder hulpmerkjes zou u bijvoorbeeld niet weten welke kant van F14 aan I8 grenst en welke aan G10. Als u de vierkantjes laat corresponderen, evenals de rondjes, dan past alles op de juiste wijze in elkaar.
Sunburst (patroon 99) bestaat uit zoveel punten, die onderling ook nog verdeeld zijn, dat u voor de nauwkeurigheid de hulppuntjes op F10 wel kunt gebruiken.
Bij de keuze van de patronen speelt persoonlijke voorkeur een grote rol. De een zal dol zijn op sterachtige patronen, de ander heeft een voorliefde voor ronde vormen en een derde kiest de patronen met weinig stukjes uit. Hebt u voorkeur voor zoveel mogelijk verschillende vormen, dan hebt u het juiste boek in handen!

De naaiwijze van de verschillende patronen wordt verderop besproken.

Het werken met de patroondelen

Alle 101 patronen zijn per categorie na elkaar afgebeeld met een doorlopende nummering. Boven aan de bladzijde vindt u de naam van de betreffende categorie.
Naast het patroon vindt u de patroondelen genoemd die nodig zijn om het patroon te maken. Tevens staat hier hoe vaak het patroondeel voorkomt.
De patroondelen zijn ook per categorie afgedrukt, boven aan de bladzijde vindt u weer de betreffende categorie. Op deze manier kunt u de patroondelen die bij één patroon horen eenvoudig vinden zonder de hele patronenbijlage door te moeten bladeren.

Kiest u bijvoorbeeld *Kissin'Cousins* (patroon 1), dan hebt u vijf patroondelen nodig: A4, B1, E1, E1s en F1. Het aantal keren dat het patroondeel voorkomt in het totale patroon staat erachter.

Een 's' achter het patroondeelnummer

Hierboven zag u dat patroondeel E1s gebruikt wordt. De 's' staat voor spiegelbeeldig. Door E1 om te draaien wordt E1s verkregen. Om het u gemakkelijk te maken hebben we die gespiegelde patroondelen ook opgenomen in de patronenbijlage. Overigens worden asymmetrische vormen zoals F6 en F7 van *Eleane's Choice* (blz. 68 en 119) spiegelbeeldig afgebeeld. Plakt u het patroondeel op schuurpapier en tekent u af op de verkeerde kant van de stof, dan krijgt u op de goede kant van de stof de juiste vorm.

Inclusief naadtoeslag

De puntjes op de patroondelen geven het begin en het einde van de naailijn aan. Deze puntjes vallen 0,5 cm binnen de buitenlijnen. De patroondelen zijn dus inclusief de naadtoeslag getekend. De naadtoeslag bedraagt 0,5 cm. Als u precies rondom het patroondeel getekend hebt, is dit uw kniplijn.

Naadtoeslag rondom toevoegen

Op sommige patroondelen staat 'naadtoeslag rondom toevoegen'.
Dit zijn patroondelen van een ronde vorm. Bij een ronde lijn is het namelijk prettig om een getekende naailijn te hebben. U tekent op de stof de naailijn en knipt het lapje met rondom 0,5 cm naadtoeslag uit (zie blz. 27 stof uitknippen).

Het verwisselen van patroondelen

Binnen een categorie kunt u patroondelen onderling verwisselen en zo uw eigen patroon ontwerpen. Ik geef per categorie een voorbeeld.

Indeling in vieren

U vindt bijvoorbeeld de hoeken van *Kissin' Cousins* (patroon 1), die elk bestaan uit 4 x B1, niet leuk en u wilt de schuine lijn van de ster benadrukken. In plaats van 4 x B1 kunt u nu 2 x B3 van *Windblown Shadows* (patroon 20) gebruiken (afb. 13).

Indeling in negenen

De diagonale lijnen van *Indian Puzzle* (patroon 27) wilt u doorbreken. In plaats van 1 x A10 en 4 x B7 in het midden, die samen een vierkant vormen, kiest u 4 x A9 van *Pointed Star* (patroon 28) (zie afb. 14) of nog eenvoudiger 1 x A11 van *Easy Star* (patroon 32).

Indeling in vijven

U hebt geen zin in de ronde vormen van *Hands All Around* (patroon 47) en vervangt P3 en 4 x Q3 door het middenvlak van *David's Crown* (patroon 55): A19 en 4 x N3 (afb. 15).

Indeling in zevenen

De hoeken A22 van *Rocky Mountain* (patroon 62) vindt u te eenvoudig en te groot van stuk. Neem in plaats daarvan per hoek 1 x B25 en 3 x A21 uit *Greek Cross* (patroon 63) (zie afb. 16).

Achthoek-indeling

U wilt bijvoorbeeld *Harvest Sun* (patroon 81) maken en u ziet dat u patroondelen A25, B26 en C9 nodig hebt.
Dat zijn slechts drie patroondelen, maar C9 komt wel 72 keer voor in de ster en dat vindt u misschien wat veel!
U kunt nu overwegen om in plaats van dit patroon *Blazing Star* (patroon 76) te kiezen en de vierkanten en driehoeken van *Harvest Sun* te gebruiken. J4 en B27, K5 en B27 worden dus respectievelijk vervangen door A25 en B26. C8 hoeft

Uit boek: KARIN PIETERSE

blz 33 (rechts onder)
" 41 links boven.

SABRINA. Dec. 07 (Speciaal Kerst.)
laatste & voorlaatste blad.

PATCHWORK et Applications. (P. Cost.) Jan. 2006
blz. 20.

BURDA. Quilten & Applizieren.
blz 11 idem blz. 39 & 40.
blz 80. met andere kleuren.

Uit carton "Le grand livre du quilt."

Vorige Koers:	08.08.2005	240,0200	EUR
	29.07.2005	241,4000	EUR
	31.12.2004	223,7100	EUR

Extreme Koersen:	**Minimum Koers:**	**Maximum Koers:**	**Gemiddelde Koers:**	**Munt/%**
2005	224,3900	242,0000		EUR
07.2005	240,4200	242,0000		EUR
06.2005	238,0500	241,9400		EUR
05.2005	229,7600	236,6000		EUR

Thuis:

Koffer: FORTIS B global Stock Ch..ly
365 stuks.

12 u of 3,30 u.

afb. 13 **Het veranderen van een four patch-patroon (combinatie van *Kissin' Cousins* en *Windblown Shadows*)**

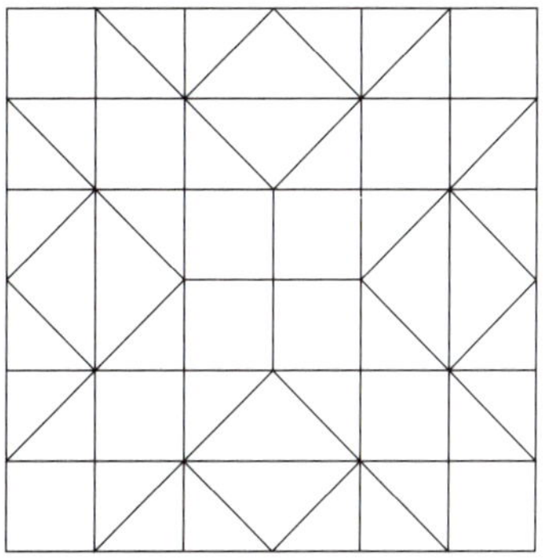

afb. 14 **Het veranderen van een nine patch-patroon**

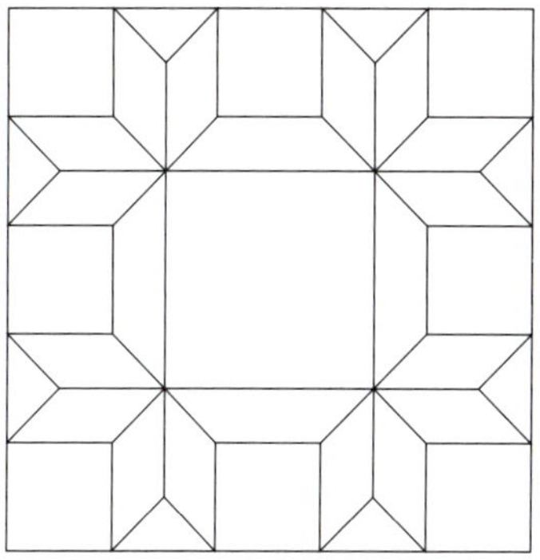

afb. 15 **Het veranderen van een five patch-patroon**

afb. 16 **Het veranderen van eer seven patch-patroon**

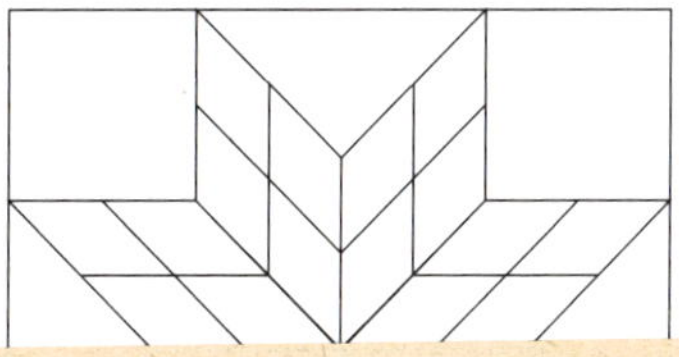

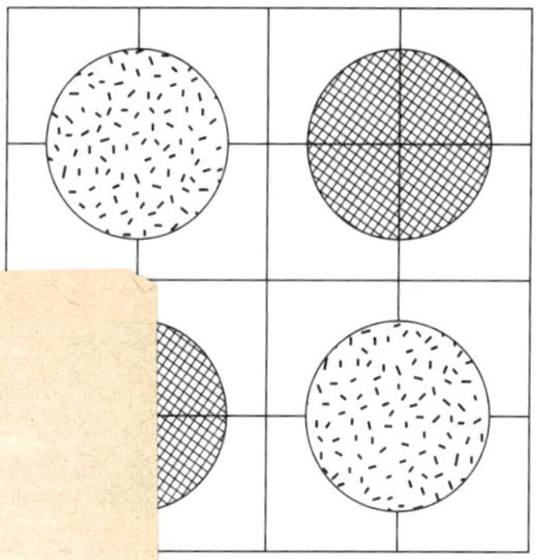

Het veranderen van een patroon

maar 32 keer gebruikt te wor
Harvest Sun (afb. 17).

Ronde-vormcategorie

Voor de ronde-vormcategori

Vindt u het moeilijk om te zi
door andere? Gebruik dan ee
kies een ander patroon en kij
worden. Denk er nogmaals a
categorie!

Mosaic (patroon 21) bestaat u
blokje vindt kan natuurlijk al
patroon vormen. Op afb. 18

Patroonmallen maken

U kiest een patroon en zoekt de patroondelen die u nodig hebt in de patronenbijlage op.
In de patronenbijlage zijn patroondelen van dezelfde vorm, zoals een vierkant of een driehoek, veelal in elkaar getekend. In de hoek staat het betreffende patroonnummer. Bij de *four patch*-patronen bijvoorbeeld is bij de drie in elkaar getekende vierkanten A2 de kleinste en A4 de grootste.

Trek de betreffende patroondelen over op overtrekpapier en vergeet niet ook de stipjes te zetten. Staan er hulppijltjes of andere tekens op, dan neemt u die natuurlijk ook over.
Schrijf letter en nummer op het patroondeel! U hebt hetzelfde malletje misschien nog eens nodig.

Teken zo voordelig mogelijk op het papier en plaats de patroondelen tegen elkaar aan (afb. 19).

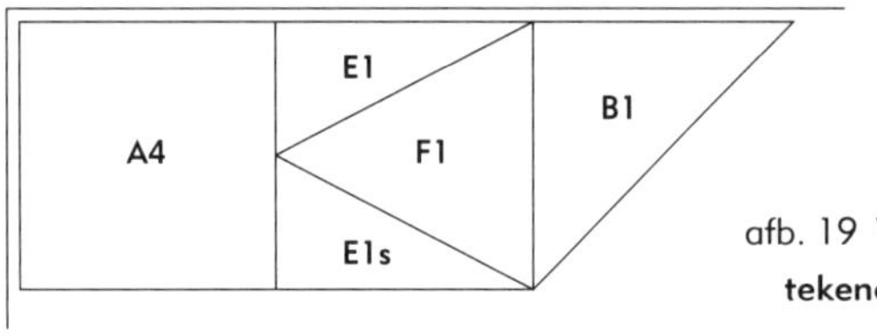

afb. 19 **Voorbeeld van voordelig tekenen van patroonmallen**

Plak het overtrekpapier op de gladde kant van een stuk schuurpapier en knip de mallen op de potloodlijn uit. Prik gaatjes met behulp van een stopnaald of prikpen.
Overtrekpapier heeft het nadeel dat lijm er niet makkelijk op hecht. Probeer eens of dun blanco schrijfmachinepapier doorzichtig genoeg is. Ook kunt u paternoplaat gebruiken. Dit is stevig doorzichtig plastic, dat met een (oude) schaar te knippen is. De gaatjes brandt u er met een hete naald in.

U kunt ook de hele patronenbijlage fotokopiëren. Vouw het boek goed open en controleer achteraf met een liniaal of de maten nog exact kloppen. Denk eraan dat elke millimeter telt! Fotokopieën zijn vaak vooral langs de buitenrand van het papier onzuiver.

3 En nu aan de slag

U hebt een patroon gekozen en de patroonmalletjes gemaakt. Kijk nu eerst voordat u verder gaat of het betreffende patroon in het register staat; u kunt dan zien of het patroon ergens in de tekst besproken wordt.

Stof uitknippen

Leg de stofjes die u voor een patroon wilt gebruiken bij elkaar. Vaak werk ik vanuit het midden en leg ik steeds de uitgeknipte stofjes op de resterende stof om te kijken of mijn keuze goed was. Meestal komt dan als laatste de achtergrondstof.

Teken op de verkeerde kant van de stof af. Gebruik de zelfkanten niet en leg de mal iets van de rafelkant af.
Teken zo voordelig mogelijk. Als u de patroondelen strak tegen elkaar legt, scheelt u dat teken- en knipwerk en zo bespaart u ook stof (afb. 20)!

Berg de malletjes op als u klaar bent. Een multomap met insteekhoezen is hier heel handig voor. Gebruik één insteekhoes per categorie, zodat u mallen makkelijk terug kunt vinden.

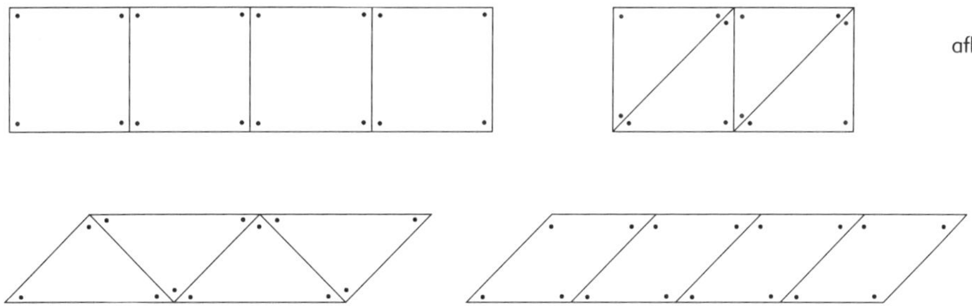

afb. 20 **Voorbeeld van voordelig tekenen van patroondelen**

Draadrichting

Als u aan de rechte kanten van stof trekt, dus parallel aan de zelfkant en loodrecht daarop, dan ondervindt u nauwelijks rek. Trekt u daarentegen bij een vierkante lap aan tegenover elkaar liggende hoeken, dan is de rek enorm.

Het is heel belangrijk dat de buitenkant van het werk altijd *recht op de draad* geknipt wordt. De draadrichting wordt met een pijltje aangegeven.

U gaat een heleboel blokken maken, u strijkt ze, bewaart ze, haalt ze weer te voorschijn, kortom er gebeurt het een en ander met de blokken voordat u zover bent dat ze aan elkaar genaaid kunnen worden. Tegen die tijd moeten ze wel allemaal nog dezelfde maat, namelijk 30 x 30 cm, hebben. Loopt de draadrichting nu bij alle buitenkanten recht, dan is de kans op de juiste maat het grootst.

Bij *Kissin' Cousins* (patroon 1) onderscheid ik twee eenheden. De buitenkant, die een vierkant van 30 x 30 cm vormt, maar ook een vierkant op de punt waarvan het wenselijk is dat de buitenkant recht op de draad loopt (afb. 21).

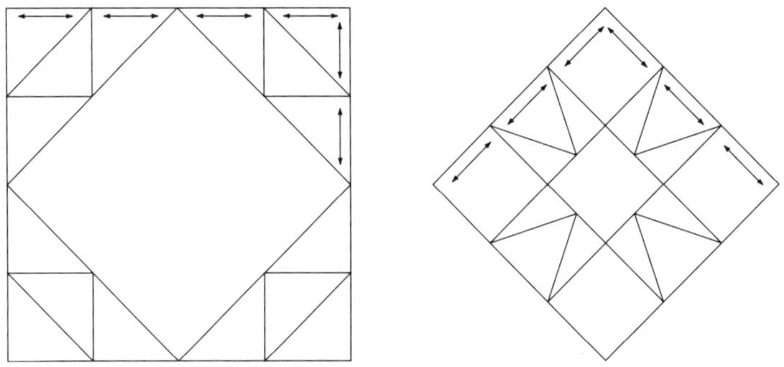

afb. 21 **De buitenkanten lopen recht op de draad**

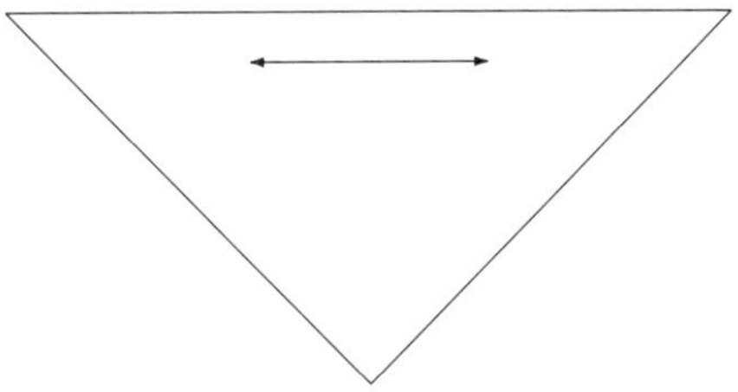

afb. 22 **De lange zijde van de driehoek ligt recht op de draad**

Vierkanten vormen geen enkel probleem; ze hebben immers altijd vier rechte kanten (uiteraard ook als ze schuin in het werk zitten). Het gaat om patroondeel F1, dat met de korte kant recht op de draad gelegd moet worden. U kunt nu de kant van E1 en E1s die grenst aan de lange zijden van F1 recht laten lopen, zodat schuin steeds tegen recht geplaatst wordt.
Het is echter een heel gepuzzel om dit steeds te handhaven. Onthoud dan ook maar dat de buitenkant en de buitenkant van een eenheid in het werk recht van draad moeten lopen.

Driehoek B1 wordt met de korte zijde recht op de draad geplaatst, maar in *Georgetown Circle* (patroon 2) komt de lange zijde van driehoek B4 recht op de draad te liggen (afb. 22).
Als die lange zijde nu schuin op de draad geknipt zou zijn – en vooral als het om een groot patroondeel zou gaan, zoals bijvoorbeeld B3 bij *Star and Cross* (patroon 7), dan zou door trekken en vooral door strijken de lange zijde centimeters kunnen uitrekken.

Als op een patroondeel zoals bijvoorbeeld G1 een pijl staat, houdt u dat uiteraard aan en legt u de kant met de pijl recht op de draad.

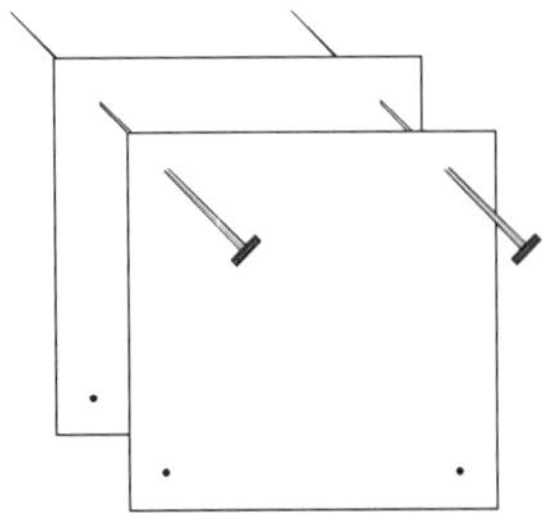

afb. 23 **Leg twee lapjes met de goede kanten op elkaar en speld de puntjes die het begin en het einde van de naailijn aangeven op elkaar**

De naaitechniek

Het hele patroon ligt uitgeknipt op tafel met de goede kant van de stof boven. U pakt de eerste twee lapjes, legt ze met de goede kanten op elkaar en speldt de puntjes die het einde van de naailijn aangeven op elkaar (afb. 23).
U steekt de naald in de twee beginpuntjes en hecht aan met een paar kleine

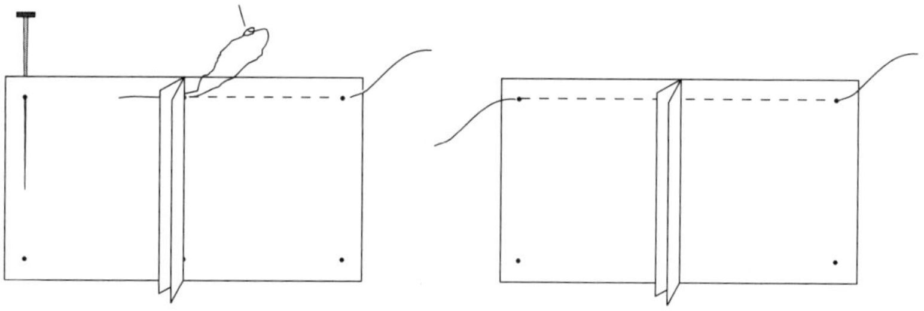

afb. 24 **Zo naait u de lapjes aan elkaar**

steekjes op elkaar. U begint dus niet met een knoop in de draad.
Naai met een zo klein mogelijk rijgsteekje en steek na zo'n vier steken een keer terug. Dit voorkomt dat er rimpels ontstaan en geeft extra stevigheid.
U eindigt bij de puntjes en hecht daar af door een paar kleine steekjes op elkaar te zetten (afb. 24).
Naadtoeslagen worden dus niet vastgenaaid. Door ze los te laten kunt u makkelijk een ander patroondeel tussen twee lapjes naaien. Bovendien kunt u bij het strijken met losse naadtoeslagen alle kanten uit.

Begin nu niet meteen te naaien, maar lees ook eerst de volgende paragraaf door!

Het naaien in banen

De uitleg hieronder geldt voor de patronen van de eerste vier categorieën, voor zover ze geen ronde vormen of applicatie-onderdelen bevatten.

Het neerleggen van de stukjes stof in het patroon dat gevormd moet worden, voorkomt vergissingen bij het naaien.
Als het mogelijk is, gaat u in banen naaien. Soms lopen die banen horizontaal (afb. 25) en soms diagonaal (afb. 26).

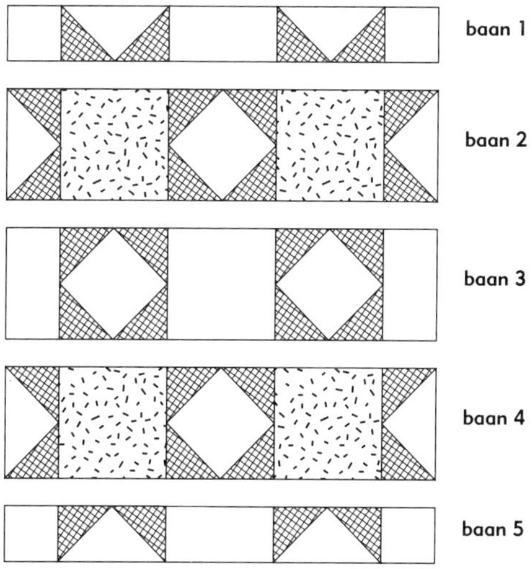

afb. 25 **Horizontale banen**
***Devil's Claws* (patroon 5)**

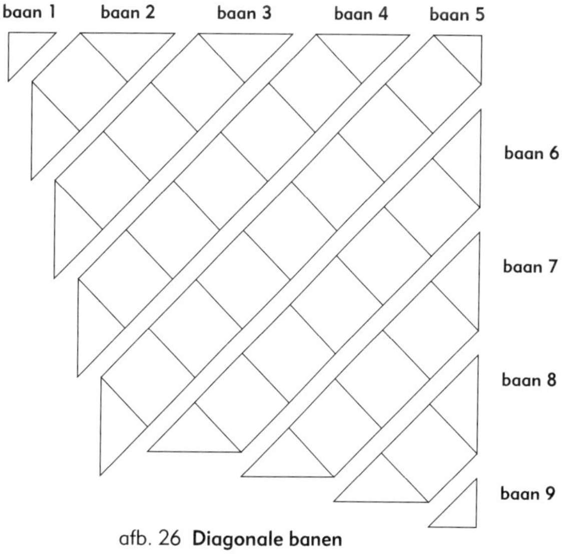

afb. 26 **Diagonale banen**
***Chimney Sweep* (patroon 9)**

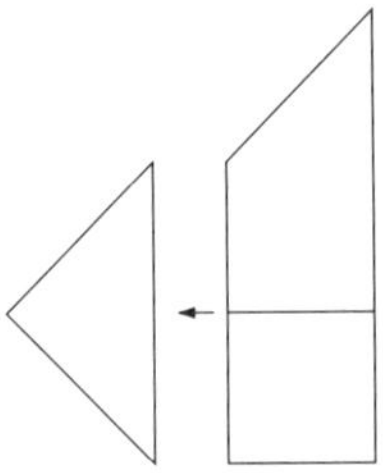

afb. 27 **Naai de stukjes in ononderbroken lijnen aan elkaar**

Zorg ervoor dat stukjes in ononderbroken lijnen aan elkaar genaaid worden. Dit betekent dat als twee lapjes aan één lapje gezet worden, die twee eerst aan elkaar genaaid worden (afb. 27).

Als er geen rechte lijnen in het patroon te vinden zijn, dan moet u gaan denken in logische eenheden (afb. 28).

Het naaien van achthoekpatronen

Sommige patronen met een achtpuntige ster hebben rechte lijnen en zijn dus tamelijk eenvoudig (patronen 89 t/m 91).

Bij andere bestaat het patroon uit een ster die duidelijk opgebouwd is uit acht grote ruiten (patronen 76, 81, 84 en 88).
U naait eerst deze acht ruiten afzonderlijk (afb. 29). Zet de ruiten aan elkaar door er steeds een toe te voegen; bij de achtste ruit is de cirkel rond en de ster voltooid. Naai ten slotte de driehoeken en vierkanten aan de buitenkant van de ster.

Probeer ook bij de andere patronen logische eenheden te vinden (afb. 30).

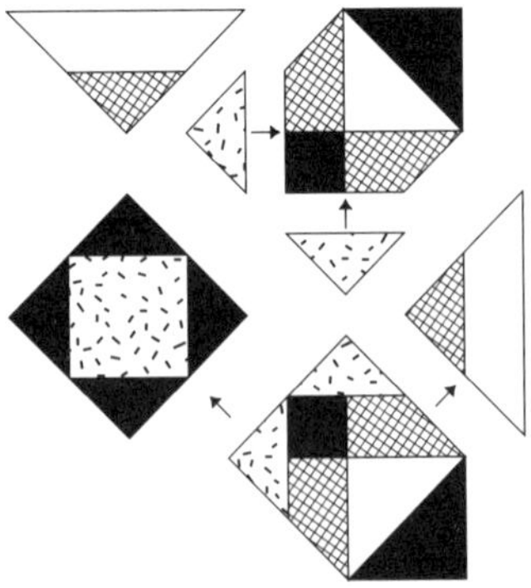

afb. 28 **Zoek naar logische eenheden in het werk, *Grand Canyon Suite* (patroon 6)**

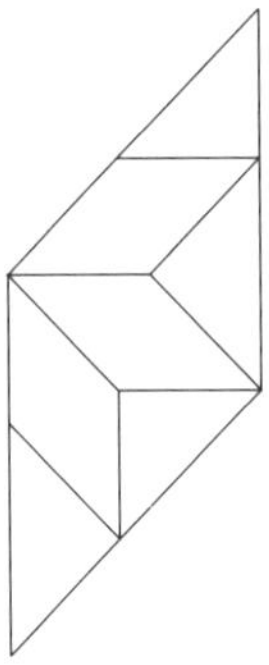

afb. 29 **Een van de acht ruiten van *Flying Swallows* (patroon 84)**

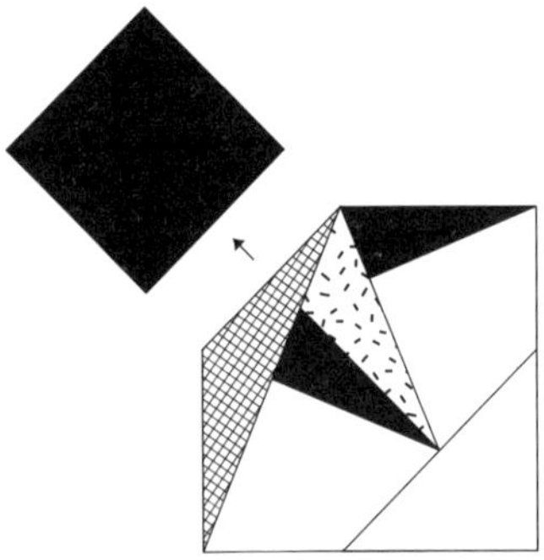

afb. 30 **Ook bij *Eleane's Choice* (patroon 73) ga we op zoek naar logische eenheden**

Het naaien van ronde vormen

Bij een ronde vorm wordt in de meeste gevallen genaaid met de holle kant boven.
Bij *Improved Nine Patch* (patroon 18) zet u eerst de *nine patch* van A7, S1 en K1 aan elkaar. K1, T1 en H1 (de ronde vormen) hebben op de achterkant van de stof een naailijn. Speld de uiteinden op elkaar, zet een aantal spelden in de naailijnen en naai met de holle kant boven. U naait met de naadtoeslagen duidelijk in het zicht en als u van puntje tot puntje naait kunt u zich niet vergissen.

De patroondelen van *Mosaic* (patroon 21) zijn inclusief de naadtoeslag. Er wordt per vierkantje genaaid. Leg de lapjes stof met de verkeerde kanten op elkaar en speld de drie punten zorgvuldig op elkaar. Vlij de lapjes met de holle kant boven in een ronding om uw linkerwijsvinger, zodat ze makkelijker op elkaar passen, en naai ze aan elkaar.

Bij *Square and Circle* (patroon 34) zet u eerst de cirkel in elkaar; naai vervolgens vier eenheden en zet die met hulp van de middenstreepjes op J3 aan de cirkel (afb. 31). Naai ditmaal met de bolle kant boven, zodat de naadtoeslagen boven liggen.

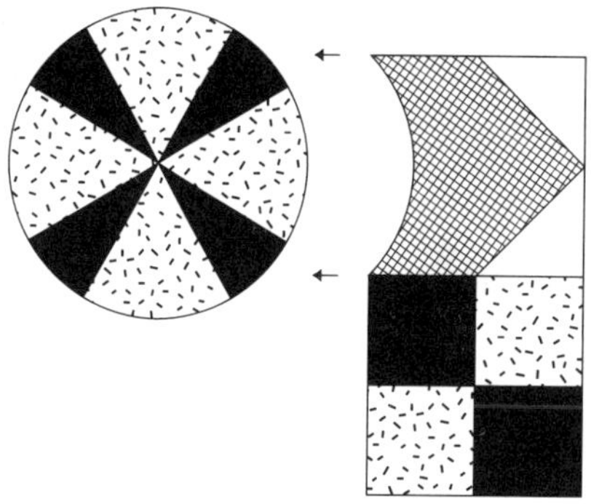

afb. 31 **Naaiwijze *Square and Circle* (patroon 34)**

Het naaien van ronde vormen bij de kompaspatronen

Voor het gemak noem ik de patronen 94 en 96 t/m 101 allemaal kompaspatronen.
Deze worden in kwarten aan elkaar gezet; daarna worden deze vier eenheden aan de cirkel genaaid en de vier zijnaden gesloten.

Bij *Mariner's Compass* (patroon 94) zet u eerst twee stukjes I6 aan de noord-, oost-, zuid- en westpunt (F8). Vervolgens worden twee keer twee stukjes G7 aan F9 genaaid. Deze eenheden worden aan de diagonaal geplaatste F8 gezet, en dit geheel ten slotte aan de noordpunt (afb. 32). Herhaal dit drie keer. Zet de vier eenheden met de holle kant boven aan de cirkel en gebruik bij het spelden de hulppunten op de cirkel. Sluit de vier zijnaden en zet D16 aan het kompas. Naai nu met de bolle (patchwork-)kant boven.

Bij *Sunburst* (patroon 99) doet u precies hetzelfde: u begint met J5 aan F11 te zetten en J6 aan F12, vervolgens twee stukjes G8 aan F12, enzovoort.

Ook *Single Sunflower* (patroon 98) wordt op deze manier genaaid. U moet nu alleen achtmaal twee lapjes van I7 aan F13 zetten.

Hetzelfde geldt voor *Oklahoma Sunburst* (patroon 100). Ziet u dat de F14-punten hier anders binnen de cirkel geplaatst zijn en niet puur naar de vier windrichtingen wijzen?

De boven besproken naaiwijze geldt ook voor *Hexagonal Star* (patroon 97).

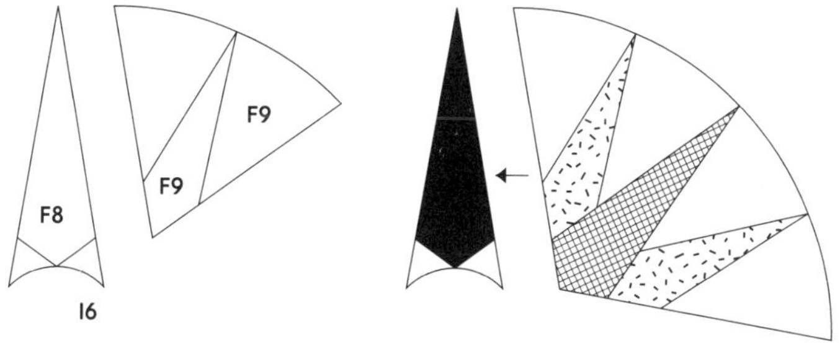

afb. 32 **Naaiwijze kompaspatroon**

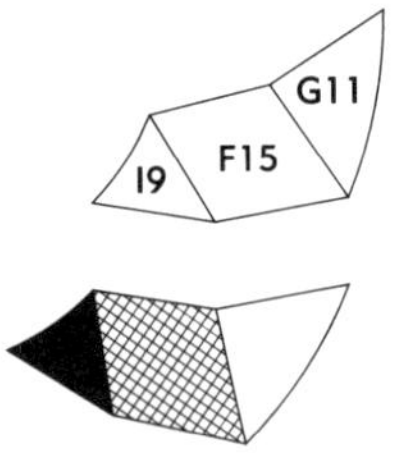

afb. 33 **Naaiwijze *Sunflower* (patroon 96)**

Bij *Sunflower* (patroon 96) kunt u op verschillende manieren te werk gaan. Ik stel voor om steeds een I9 aan een F15 aan een G11 te naaien (afb. 33). Met vier van deze combinaties wordt een kwartpatroon gevormd. Zet de vier kwarten aan de cirkel, sluit de zijnaden en zet D16 aan de buitenkant.
Let bij dit patroon en bij *Oklahoma Sunburst* (patroon 100) op de hulptekens (zie blz.130). Rondjes worden aan rondjes genaaid, vierkantjes aan vierkantjes.

Het strijken

Naadtoeslagen worden altijd naar één kant gestreken en dus niet geopend. Dit geeft meer stevigheid aan het werk en zorgt ervoor dat er geen open naad te zien is als er aan het werk getrokken wordt (wat bij het quilten nogal eens gebeurt).
Strijk de naadtoeslagen per baan afwisselend naar rechts en naar links. Zo krijgt u een mooie verdeling van de dikte die de naadtoeslagen geven (afb. 34).

Lastiger maar nog mooier is het als naadtoeslagen rondgestreken worden. Vaak is dit in een compleet patchwork-patroon echter niet consequent vol te houden (afb. 35).

Wanneer er acht stukjes in het midden bij elkaar komen, zoals bij de achtpuntige ster, dan strijkt u die allemaal dezelfde kant op; de uitstekende stof in het midden vormt dan een rozet en geeft een minimale verdikking (afb. 36).

Strijken kan de stof uitrekken. Strijk, om dit tegen te gaan, zoveel mogelijk op de draadrichting.
Strijk de blokken niet te vaak. Doe het eenmaal als het blok klaar is en zo nodig nog een keer voordat u de blokken aan elkaar gaat naaien tot een *top* (bovenkant).

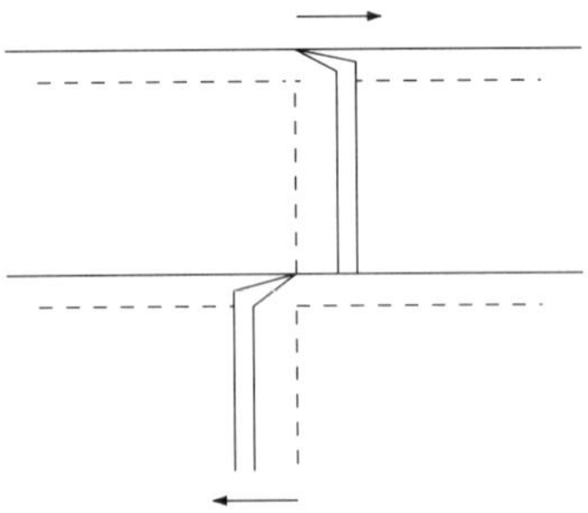

afb. 34 **Naadtoeslagen wijzen van elkaar af**

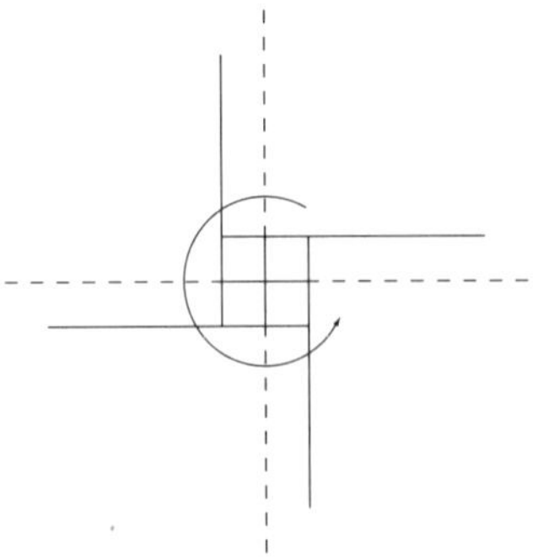

afb. 35 **Als vier naadtoeslagen bij elkaar komen worden ze rondgestreken**

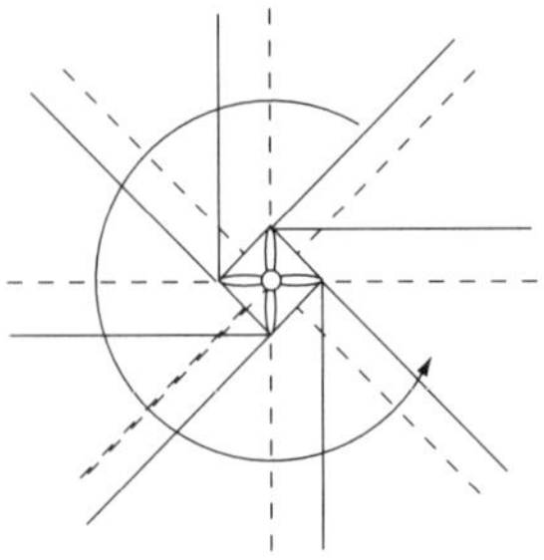

afb. 36 **Ook als acht naadtoeslagen bij elkaar komen worden ze rondgestreken**

3. **3 x 3** blokken op de punt, effen lichtgroene tussenblokken, *Riet Wolder*

4. Rood-groene quilt met patchwork-rand, *Eleane Fischer-Grijpink*

Het naaien van applicatiepatronen

Appliqueren is het *op* elkaar naaien van stof, in tegenstelling tot het *aan* elkaar naaien zoals hierboven aan de orde was.
Bij de vier patronen die hieronder besproken worden hebt u de applicatietechniek nodig.

Baskets (patroon 11)

Bij dit patroon naait u vier mandjes, die u vervolgens aan elkaar zet met de patroondelen A3 en A1.
Voordat u B5 aan de stukjes van het mandje zet, appliqueert u eerst een hengsel erop (afb. 37).
Leg het patroondeel van het hengsel *schuin op de draad* op de goede kant van de stof (zo rekt de ronding mooi mee) en teken het vier keer rondom af. Knip ze uit met 0,5 cm naadtoeslag.
Rijg de naadtoeslag om en zorg bij het omvouwen van de stof dat de potloodlijn aan de bovenkant niet meer zichtbaar is (rijg alleen de bolle en holle kanten om en dus niet de uiteinden). De holle naadtoeslag moet u een paar

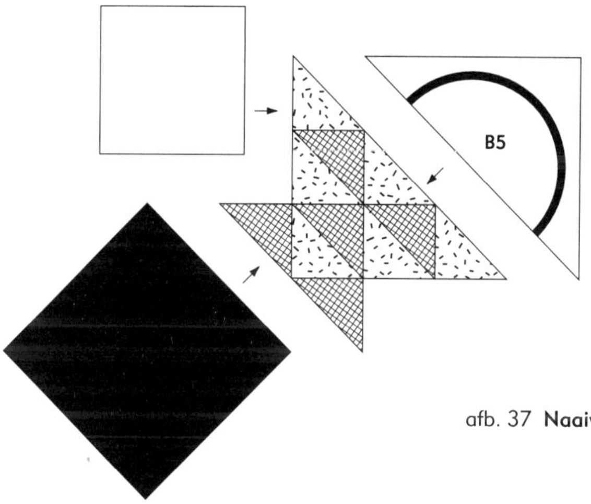

afb. 37 **Naaiwijze *Baskets* (patroon 11)**

keer inknippen tot de potloodlijn, anders krijgt u hem niet omgevouwen.
Speld het hengsel op B5. De onafgewerkte kanten van de uiteinden vallen op de onafgewerkte lange kant van B5. Wanneer B5 aan het mandje genaaid wordt, vallen de uiteinden van de hengsels mooi in de naad weg.
Gebruik garen in de kleur van de stof van het hengsel. Maak een knoop in de draad en steek die weg in de naadtoeslag.
U steekt de naald dus door de omgevouwen potloodlijn.
Vandaar steekt u de naald loodrecht naar beneden in de achtergrondstof van B5. Met een piepklein steekje komt u weer uit in het uiterste randje van het hengsel en vandaar gaat u weer loodrecht naar beneden in de achtergrondstof (afb. 38). U maakt dus rechte in plaats van schuine steekjes, waarbij de draad goed aangetrokken moet worden.
Hecht aan de achterkant van het werk af.

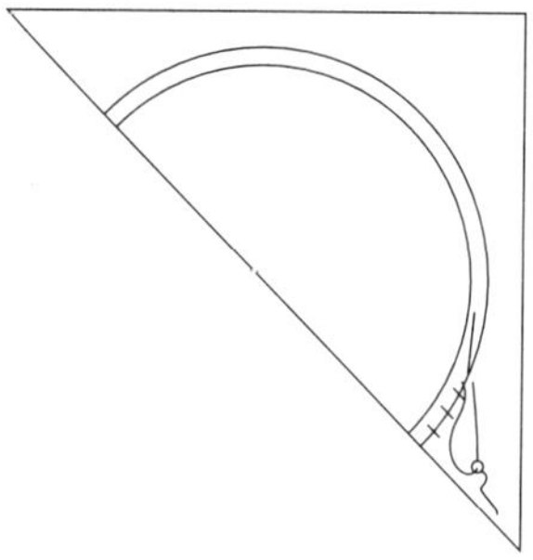

afb. 38 **Loodrechte applicatiesteekjes**

Honey Bee (patroon 66)

U legt patroondelen V2 en W2 schuin op de draad op de goede kant van de stof en tekent ze af. Knip ze uit met 0,5 cm naadtoeslag en ga op dezelfde manier te werk als hierboven is beschreven.

Carolina Lily (patroon 82)

De drie bloemstengels worden eerst op P7 geappliqueerd voordat het patroon in elkaar genaaid wordt (zie hierboven).
Knip recht op de draad een reep stof van 2 x 11,5 cm en rijg 0,5 cm naadtoeslag om. U houdt een stengel van 1 x 11,5 cm over.
Knip schuin op de draad twee repen stof van 2 x 13 cm en werk ook hier de naadtoeslag van 0,5 cm om.
De rechte bloemstengel wordt midden op P7 geappliqueerd (zie hierboven voor de applicatietechniek).
Leg de twee overige stengels aan weerszijden van de middenstengel en laat ze rond naar boven uitlopen tot net onder het stipje (afb. 39). Appliqueer ze vast.

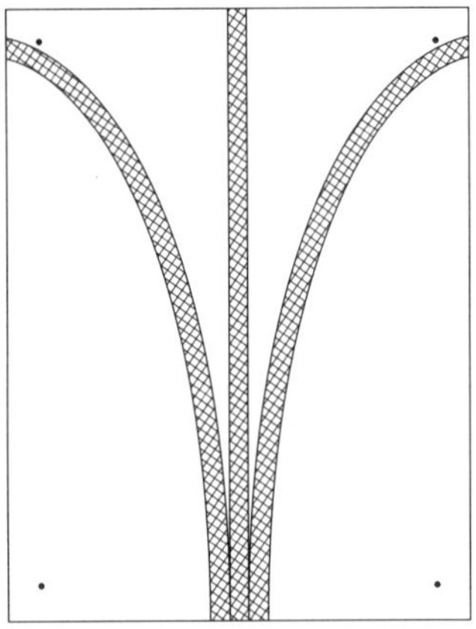

afb. 39 **Geappliqueerde bloemstengels van *Carolina Lily* (patroon 82)**

Dresden Plate (patroon 95)

Leg een overtrekpapier op patroondeel K6, trek de binnenste ronde lijn over en verbind de punten. U hebt nu een patroondeel gemaakt zonder naadtoeslag.
U tekent zoals gewoonlijk op de verkeerde kant van de stof.
Naai alle zestien stukjes van K6 aan elkaar tot een cirkel.
Strijk de naden één kant uit. Leg het patroondeel zonder naadtoeslag nu op de goede kant van het werk, laat de ronding beginnen en eindigen waar uw naailijn ophoudt, en teken de ronding op alle zestien lapjes stof af. Rijg de rondingen om en appliqueer het geheel op een ondergrondlap van 30 x 30 cm (dit is 31 x 31 cm inclusief naadtoeslag). Appliqueer ten slotte cirkel E12 op het midden.

4 Het maken van de patchwork-top

Top is de benaming van de bovenkant van een quilt voordat deze vastgeregen is op een tussenlaag en een achterkant.
De top van een *sampler quilt* wordt opgebouwd uit patchwork-blokken, tussenblokken of tussenbanen, en een rand of verschillende randen.

Rangschikken van de blokken

De blokken zijn af en kunnen gerangschikt worden. Zorg voor genoeg ruimte en leg ze willekeurig op de grond neer. Nu gaat u schuiven met de blokken. In het midden komt een opvallende of een bijzondere vorm of een eenling. Ga het vlak vervolgens vanuit het midden opbouwen en houd zowel de rechte lijnen als de diagonale in het oog. Let op vormen en op kleuren. Kunt u vier tamelijk gelijke blokken op de hoeken plaatsen?
Hebt u met verschillende achtergrondstoffen gewerkt, dan moeten die ook goed verdeeld worden over het vlak. Pak weer een verrekijker en kijk door de verkeerde kant naar het geheel. Bekijk ook de kleurenillustraties. U zult in veel gevallen een symmetrische opbouw ontdekken.

Hebt u voor een schuine plaatsing van de blokken met tussenbanen gekozen, dan moet u nu als laatste de halve en kwartblokken maken (zie blz. 14 halve en kwartblokken).

Stof voor tussenblokken of -banen kiezen

De blokken liggen in de goede volgorde op de grond en nu neemt u een beslissing over de stof voor de tussenblokken of -banen. Moet het donker of licht worden, neutraal of opvallend? Bedenk wel dat de stof van de tussenblokken of -banen de sfeer van de quilt gaat bepalen – kijk maar weer naar de kleurenillustraties.
Neem een aantal of alle blokken mee naar de winkel als u stof gaat kopen.

Berekenen van de hoeveelheid stof voor tussenblokken of -banen

Tel het aantal blokken of banen dat u nodig hebt op.

Rechte plaatsing van tussenblokken

Maakt u een quilt als in kleurenillustratie 8, dan hebt u zeventien blokken nodig. Patchwork-stof is meestal 115 cm breed. Er kunnen drie blokken uit een baan. Deel het benodigde aantal (in dit geval 17) door 3, dan krijgt u 5,6, rond dit af naar boven en u krijgt 6. Vermenigvuldig dit met de benodigde breedte (31 cm). U hebt dus 6 x 31 cm nodig, dit is 186 cm (afb. 40).Uiteraard neemt u iets meer (2 m), zodat u niet te kort komt in geval van krimp.

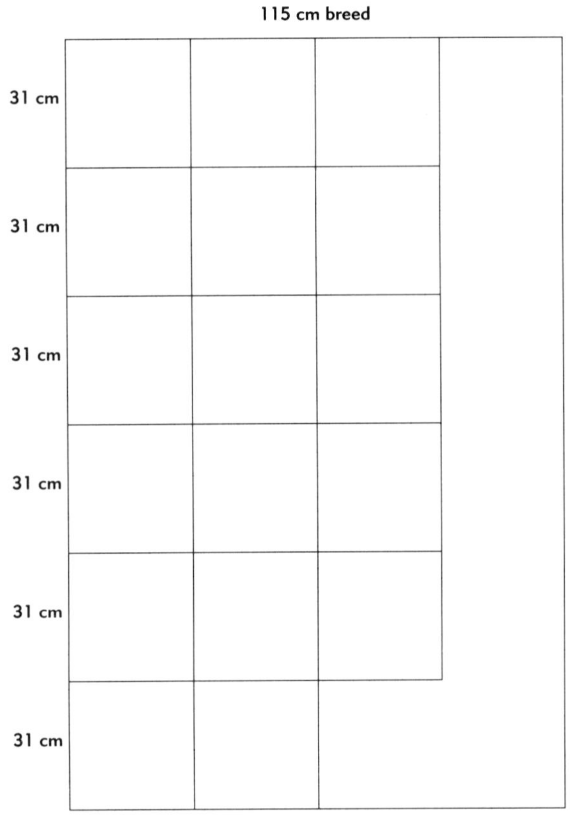

afb. 40 **Bepalen van de benodigde hoeveelheid stof voor tussenblokken**

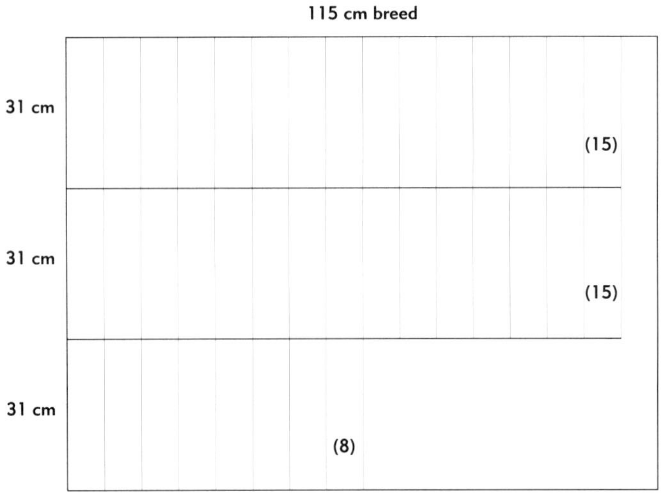

afb. 41 **Bepalen van de benodigde hoeveelheid stof voor tussenbanen**

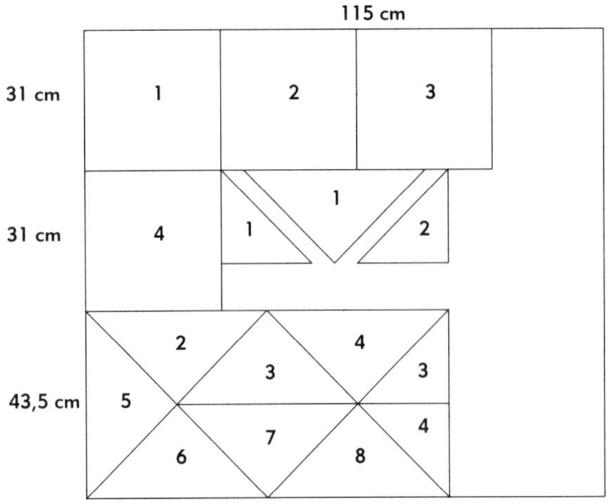

afb. 42 **Bepalen van de benodigde hoeveelheid stof voor hele, halve en kwart-tussenblokken**

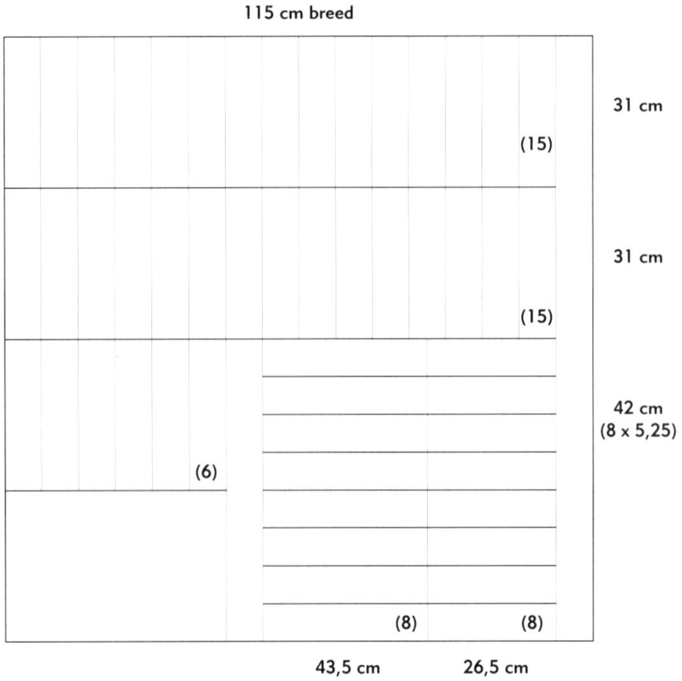

afb. 43 **Bepalen van de benodigde hoeveelheid stof voor tussenbanen van verschillende breedten**

Tussenbanen

Rekening houdend met krimp gaan er 15 banen van 6 cm (denk aan de naadtoeslag) uit de breedte.
Maakt u een quilt als in kleurenillustratie 2, dan hebt u 38 banen nodig; 38 gedeeld door 15 is 2,5, dit is afgerond 3. U moet dus 3 x 31 cm, dat wil zeggen 93 cm stof (1 m) aanschaffen (afb. 41).

Schuine plaatsing van tussenblokken

In kleurenillustratie 3 zijn vier hele, acht halve en vier kwart-tussenblokken verwerkt.
Natuurlijk worden de halve blokken met de lange zijde recht op de draad gelegd. Bij de kwartblokken zijn dit de korte zijden.
Op afb. 6 staan de afmetingen van de halve en kwartblokken. Na enig gepuzzel ziet u dat u aan 105,5 cm (neem 120 cm) genoeg hebt (afb. 42).

Tussenbanen

In de quilt van kleurenillustratie 1 zijn 36 tussenbanen van 30 x 6 cm gebruikt, acht tussenbanen van 4,25 x 42,5 cm (afb. 5) en acht van 4,25 x 25,5 cm.
Zoals u op afb. 43 kunt zien, hebt u 104 cm (120 cm) nodig.
Het knippen (of snijden) van de tussenblokken of -banen moet heel nauwkeurig gebeuren. In de patronenbijlage vindt u een patroondeel voor een tussenbaan van 6 x 30 cm.

Tussenblokjes

Voor het tussenblokje kunt u patroondeel A14 (van de *five patch*) gebruiken.
Wilt u een verdeling van de blokjes zoals in quilt 2, gebruik dan patroondelen A18 en B16 (5-indeling). En wat vindt u van een *nine patch* als blokje? Gebruik dan 9 x A20 (zie patroon 52, *Young Man's Fancy*). Hebt u liever een zandloper, gebruik dan 4 x B15 (zie *David's Crown*, patroon 55). Zie afb. 44.

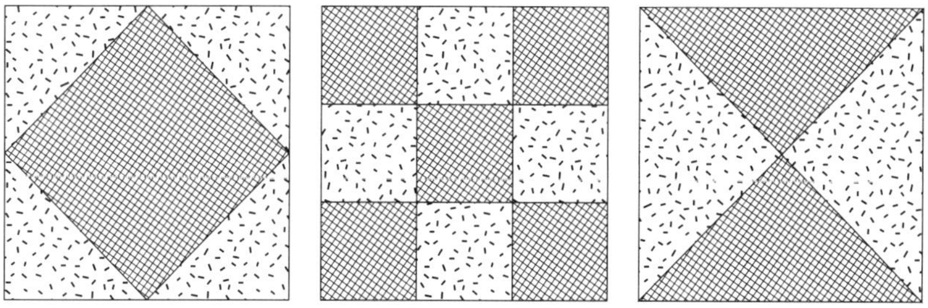

afb. 44 **Verschillende tussenblokjes**

Voor het berekenen van de hoeveelheid stof telt u eerst het aantal tussenblokjes dat nodig is. Er gaan er vijftien uit de breedte van de stof. Deel het aantal benodigde blokjes door 15, rond het dan verkregen getal af naar boven en vermenigvuldig het met 7.
Bij quilt 4 bijvoorbeeld zijn twintig blokjes gebruikt.
Hiervoor was 2 x 7 = 14 cm stof nodig.

Het naaien van de top

De blokken zijn gerangschikt en de stof voor de tussenblokken of -banen geknipt. U naait net zoals bij patchwork-patronen het geheel in horizontale of diagonale banen aan elkaar. Op afb. 45 en 46 ziet u de naaivolgorde van een top met respectievelijk recht geplaatste en schuin geplaatste blokken met tussenbanen.

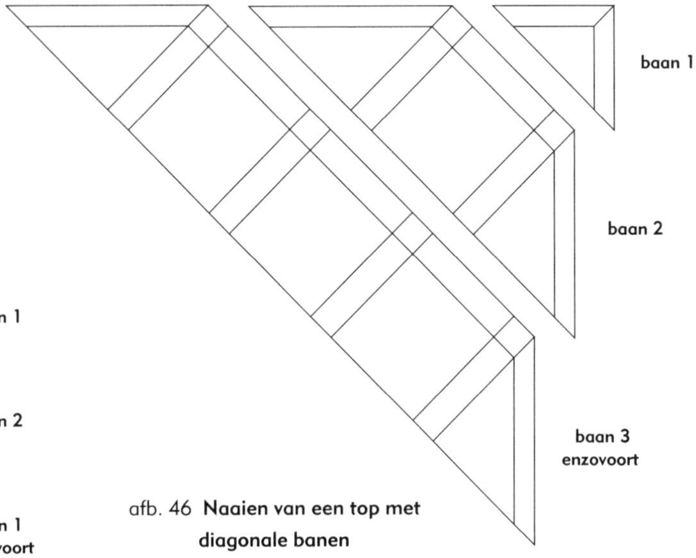

afb. 46 **Naaien van een top met diagonale banen**

afb. 45 **Naaien van een top met horizontale banen**

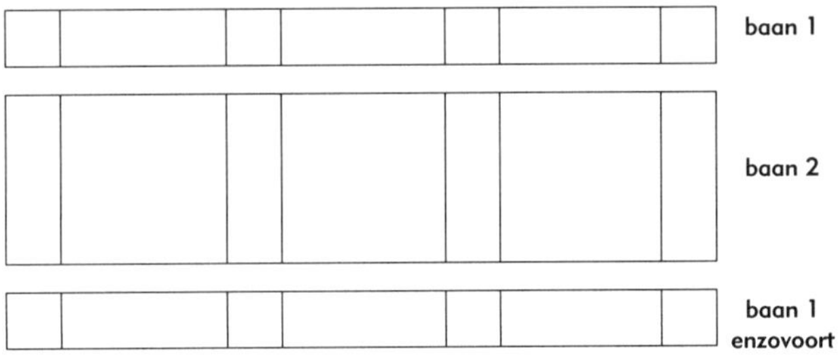

De rand

De top wordt op maat gemaakt en afgewerkt met een of meerdere randen. Het is mooi als de hoeken in verstek, dus schuin, verwerkt worden.
Bepaal de maat van de top. Bij quilt 8 is dit bijvoorbeeld 150 (5 x 30) x 210 (7 x 30) cm. De effen rand eromheen is 7 cm breed.
Knip twee stroken van 7 cm breed en 150 + 2 x 7 = 164 cm lang.
Knip twee stroken van 7 cm breed en 210 + 2 x 7 = 224 cm lang.
Denk aan de naadtoeslag, die hier nog bij opgeteld moet worden!
Teken diagonalen op de uiteinden van 7 cm, zoals op afb. 47 is aangegeven.
Naai de rand om de patchwork-top (afb. 48) en naai de diagonalen tot een schuine hoek aan elkaar. Knip de extra stof af.

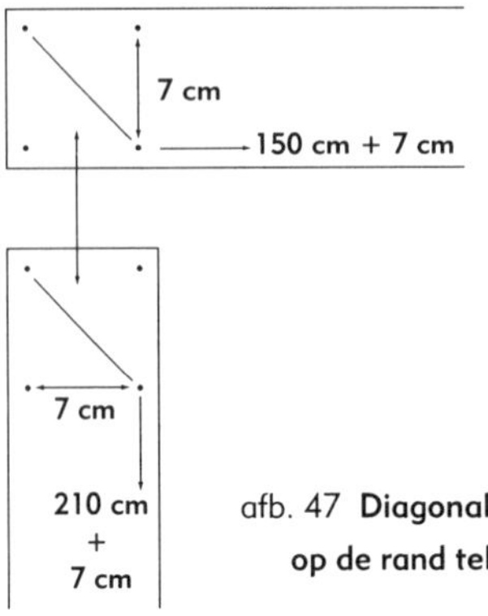

afb. 47 **Diagonale hoeken op de rand tekenen**

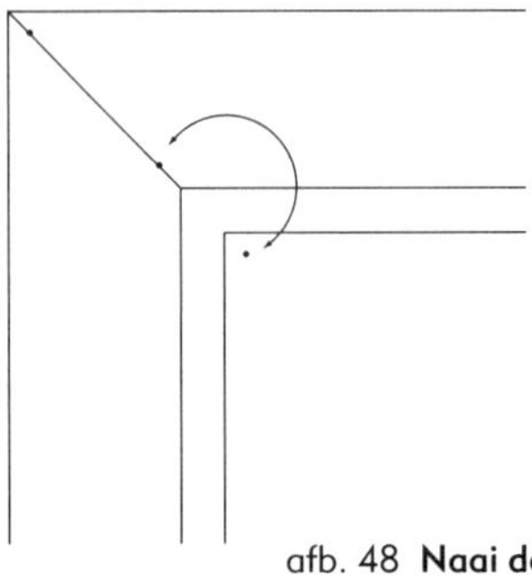

afb. 48 **Naai de rand om de patchwork-top**

U kunt de rand uit verschillende stroken stof laten bestaan. Bij elke volgende rand maakt u een berekening aan de hand van de buitenmaat (zonder naadtoeslag) en de breedte van de rand, zoals boven besproken is.

Het berekenen van de buitenmaat van een top met recht geplaatste blokken (of ze nu met tussenblokken of tussenbanen aan elkaar gezet zijn) is niet moeilijk. Voor de schuin geplaatste blokken verwijs ik naar afb. 5 en 6.

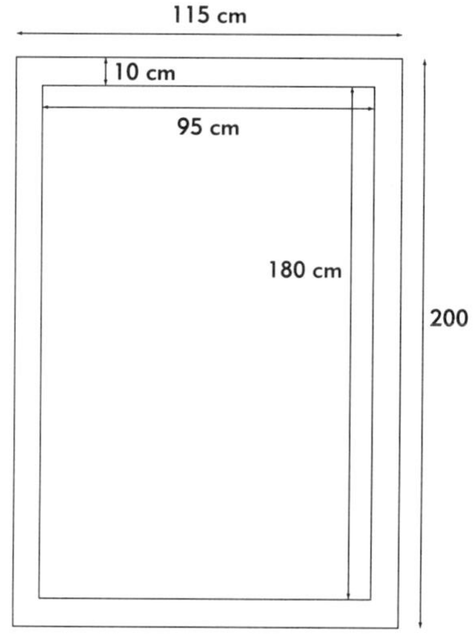

afb. 49 **Het opmeten van de rand**

Berekenen van de hoeveelheid stof voor de rand

Voor het berekenen van de hoeveelheid stof die u voor de rand nodig hebt, meet u de buitenmaat van de rand rondom op (afb. 49). Dit is bijvoorbeeld 2 x 115 cm + 2 x 200 cm = 630 cm. Deel dit door de breedte van de stof (115 cm); dit is 5,4. Rond af naar boven en vermenigvuldig met de breedte van de rand, bijvoorbeeld (inclusief naadtoeslag) 11. U hebt dus 6 x 11 = 66 cm nodig.

Het maakt niet uit als er naden in de rand zitten – na het quilten ziet u ze nauwelijks.

Patchwork-rand

Het is wel heel mooi om een top af te maken met een patchwork-rand. In de patronenbijlage vindt u patronen van vijftien verschillende randen.
De patchwork-rand kan gevat worden tussen randen van één stuk stof. U kunt ook twee patchwork-randen maken. Plaats er dan wel een rand uit één stuk stof tussen.
Het hangt helemaal van de patchwork-top af wat een mooie omlijsting is, en of een patchwork-rand een verrijking betekent.

De randen zijn allemaal 10 cm breed. Het vlak waaraan de rand grenst moet dus een afmeting hebben die deelbaar is door 10.
U brengt de top op maat met een effen rand.
Maak bijvoorbeeld een quilt van 3 x 3 blokken op de punt met tussenblokken (kleurenillustratie 3).
De buitenkant meet 21,25 + 42,5 + 42,5 + 21,25 = 127,5 cm.
Met een randje van 1,25 cm breed komt hij op 130 cm uit.
Zulke smalle randjes zijn vaak heel mooi als kleuraccent.
U kunt echter ook voor een rand van 6,25 cm kiezen; dan wordt de buitenmaat 140 cm.

Op deze manier kunt u elke top op maat maken. Als de quilt-top echter niet vierkant is, dan zal uw 'maatrandje' op de lange zijden een andere afmeting hebben dan op de korte zijden.
Zou de quilt van hierboven vier blokken lang zijn, dan komt de afmeting op 127,5 x 170 cm. U kunt in dit geval kiezen voor een randje van 1,25 langs de breedte en geen rand langs de lengte, of een rand van 6,25 in de breedte en een van 5 cm in de lengte. Mijn voorkeur gaat uit naar de laatste oplossing, omdat zelfs zo'n smal randje een opvallend accent kan betekenen.

De tussenvulling en de achterkant

Bij de meeste patchwork-speciaalzaken hebt u de keus uit verschillende tussenvullingen. Veel mensen hebben goede ervaringen met fiberfill, een synthetische tussenvulling van 80 gram die heel prettig te quilten is.
Nieuwer zijn de katoenen of gedeeltelijk katoenen tussenvullingen. Deze zijn soms iets stugger om te quilten. Probeer in ieder geval eerst een klein stukje voordat u er een hele top mee rijgt.
De laatste tijd is er ook een wollen tussenvulling te koop; deze is heel prettig bij het quilten en bovendien lekker warm.

Kies een katoenen achterkant van een goede kwaliteit. Het is fraai als er bij het omslaan van de quilt een fraaie achterkant te voorschijn komt. Verder moet u weer aan het quilten denken: u gaat ontelbare steekjes door drie lagen zetten en u moet het zich dan niet extra moeilijk maken door een verkeerde kwaliteit achterkantstof te kiezen.

Berekenen van de hoeveelheid stof voor de achterkant

Kiest u een patchwork-stof, dan kunt u weer van een breedte van 115 cm uitgaan.
Met anderhalf keer de lengte hebt u een breedte van ongeveer 170 cm (afb. 50). Naden in de achterkantstof zijn geen enkel probleem; na het quilten ziet u ze nauwelijks.
Met twee keer de lengte krijgt u uiteraard 230 cm.
Meestal is het voordeliger als de naden in de lengte lopen, maar stel dat de afmeting van de top 130 x 230 is, dan kunt u beter 2 x 130 nemen met een naad in de breedte (afb. 51).

afb. 50 **Voor deze achterkant is 1,5 keer de lengte van de quilt nodig**

afb. 51 **Voor deze achterkant is 2 keer de breedte van de quilt nodig**

6. **Geel-groene quilt met licht-gele tussenblokken,** *Margriet Sijbrand*

5. Donkergroene tussenblokken, patchwork-rand, *Anneke Boeijenga*

7. Donkerrode en blauwe quilt met effen blauwe rand, *Jetta Vermeij*

8. Blauw-gele quilt met patchwork-rand, *Karin Pieterse*

Knip of snijd de zelfkanten van de stof en naai de banen met de naaimachine aan elkaar. Strijk de naden open.

Top spannen en rijgen

De hele top is nu klaar met een rand of randen eromheen.
Loop de achterkant na op losse draadjes.
Span de achterkantstof op de grond door hem met de verkeerde kant boven vast te plakken op een houten vloer of vast te spelden aan een vloerbedekking.
Leg de tussenvulling hier overheen en ten slotte de patchwork-top met de goede kant boven. Span de top door hem aan de buitenkant vast te plakken of te spelden.
Speld de drie lagen met heel veel spelden vanuit het midden vast. Haal het plakband of de andere bevestiging weg. Rijg de quilt vanuit het midden in horizontale en verticale lijnen op zo'n 10 cm afstand van elkaar. Haal alle spelden eruit.

Quilten

Quilten is het doorpitten van de drie lagen (patchwork-top, tussenlaag en achterkantstof) met een klein rijgsteekje. Het is dus belangrijk dat de naald door alle drie de lagen gestoken wordt.
De meeste quilts kunnen met één kleur quiltgaren gequilt worden. Het voordeel hiervan is onder meer dat deze ene kleur alle lapjes van het patchwork bij elkaar brengt. Meestal wordt wit of beige quiltgaren gekozen. Zitten er helemaal geen lichte lapjes in het werk, dan wordt er natuurlijk een neutrale donkere kleur garen gebruikt.
Hebt u bijvoorbeeld heel donkere tussenbanen of randen, dan kunt u overwegen om die in de kleur te quilten, terwijl u toch licht quiltgaren voor de patchwork-blokken gebruikt. Het is mooi om dan een achterkant te kiezen waarop de verschillende kleuren quiltgaren niet opvallen.

Een grote quilt zult u niet meer in de handen kunnen houden; daarom wordt dan met een quiltring of -raam gewerkt.

Het is aan te raden om enige quiltervaring op te doen voordat u aan een groot werk gaat beginnen.
Quilt vanuit het midden. Maak een knoopje in uw draad en trek dit in de tussenlaag weg. Steek de quiltnaald loodrecht naar beneden, vang hem daar op met het topje van uw middelvinger, leg de naald meteen plat en druk hem door de drie lagen. Neem een paar steekjes op uw naald voordat u de naald doortrekt.
U begrijpt dat u voor dit werk een vingerhoed nodig hebt om de nodige kracht te kunnen zetten.
Afhechten gebeurt door een knoopje in de tussenlaag te trekken.

Patchwork-patroondelen kunnen op 0,5 cm langs de naad gequilt worden, maar grotere vlakken vragen om sierlijke quiltpatronen. U vindt deze in speciale boeken, maar ook als losse patronen in de patchwork-speciaalzaken.

Bent u aan de buitenkant van de quilt gekomen, dan moet u (tijdelijk!) repen stof langs de zijkanten naaien, zodat u ook de buitenkanten nog in de ring kunt quilten.

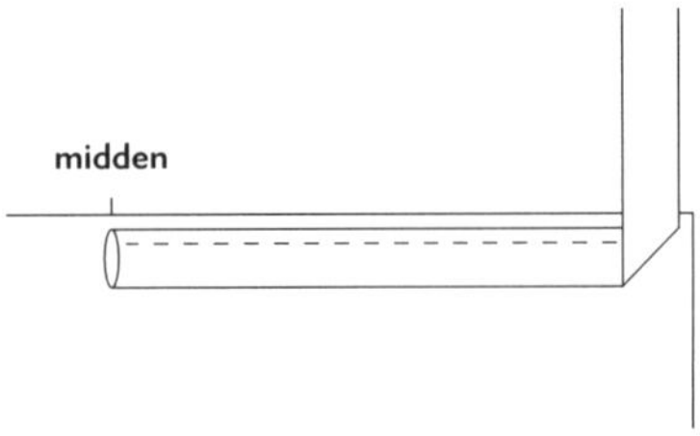

afb. 52 **Naai de bies van het midden van een zijde tot de hoek**

Signeren

Signeer uw quilt aan de voor- of achterkant van het werk met uw naam en jaartal. Zelf maak ik altijd een klein patchwork-patroontje waarin ik deze gegevens borduur. Het blokje zet ik aan de achterkant in een hoek en ik naai het aan twee kanten met de afwerkbies mee.

Doorlopende afwerkbies

Als u klaar bent met quilten, knipt u de tussenvulling en achterkantstof die uitsteken ten opzichte van de voorkant af. Haal de rijgdraden uit het werk. Werk uw quilt af met een dubbele bies die tegen een stootje kan.
Alhoewel het biesje afgewerkt maar 0,5 cm is, toont hij toch heel erg en is het een belangrijk accent. Kies dus uw stof hiervoor zorgvuldig.

afb. 53 **Vouw de bies de hoek om**

De hoeveelheid stof die u nodig hebt voor de afwerkbies berekent u op dezelfde wijze als die voor de rand.

Knip recht op de draad repen van 4,5 cm breed en naai zoveel stukken aan elkaar dat de lengte gelijk is aan de omtrek van de quilt.
Strijk de reep dubbel, zodat u 2,25 cm overhoudt.
Begin precies in het midden en speld de bies *met de rafelkanten exact op de rafelkant van de quilt* vast. Meet zorgvuldig de lengte af die u tot de eerste hoek nodig hebt.
Laat de eerste 1,5 cm van de bies open en naai de bies met 0,5 cm naadtoeslag (met de naaimachine) tot op 0,5 cm van de hoek af vast en hecht daar af. Sla de bies met een hoek van 45 graden omhoog (afb. 52).
Vouw de bies terug over deze hoek (afb. 53), speld hem vast en meet weer zorgvuldig de lengte af die nodig is tot de volgende hoek. Naai de bies, stop weer 0,5 cm van de hoek af en hecht af. Herhaal het bovenstaande, totdat u helemaal rond bent. Sla het uiteinde om, vouw de ongenaaide 1,5 cm van de bies in het uiteinde en zet hem vast (afb. 54).
Draai de bies naar achteren en vouw hoeken van 45 graden (verstekhoeken).
Naai de hele bies met garen in de kleur vast met een overhands (applicatie)steekje.

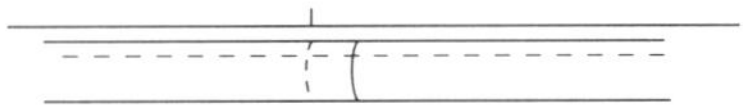

afb. 54 **Vouw het einde van de bies om het begin heen**

Uw quilt is klaar!

de 3 lovensten Patchwork

2 1 3   blz ~~17~~ 16

blz 17 3.e rij links.

blz 33 3.e rij Rechts.

blz 40 3.e 1.e rij

X blz 40 (oetterhont // 1.e laatste rij 7 rij

blz 40 foto 7 middelste onderste rij

Keuze A

Jet HOLIDAYS services in tourism — *info*

Beste klanten,

Het team van **JET HOLIDAYS** heet u van harte welkom in Djerba.

Graag willen wij u uitnodigen op onze **WELKOMSTMEETING** in het hotel. Het uur van afspraak vindt u terug op uw enveloppe van JHS. Tijdens deze bijeenkomst wordt er meer uitleg gegeven in verband met Tunesië, de streek, transportmogelijkheden, openingsuren van banken, post...

Wij geven ook praktische tips en weetjes.

Tenslotte stellen wij onze begeleide uitstappen voor waarbij wij u wat meer uitleg geven van wat er bezocht kan worden en hoe u kan reserveren.
Wij hopen u daar te zien

Patronenbijlage

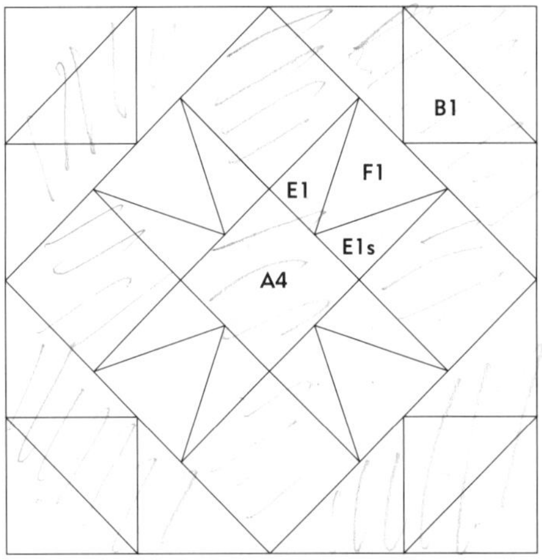

1. Kissin' Cousins **

A4	5x
B1	16x
E1	4x
E1s	4x
F1	4x

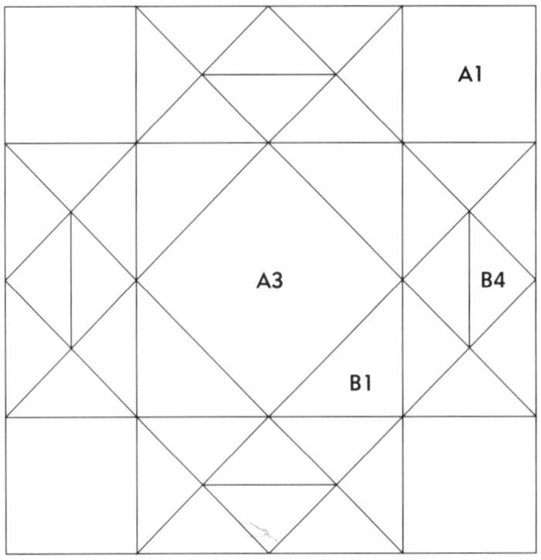

2. Georgetown Circle **

A1	4x
A3	1x
B1	4x
B4	32x

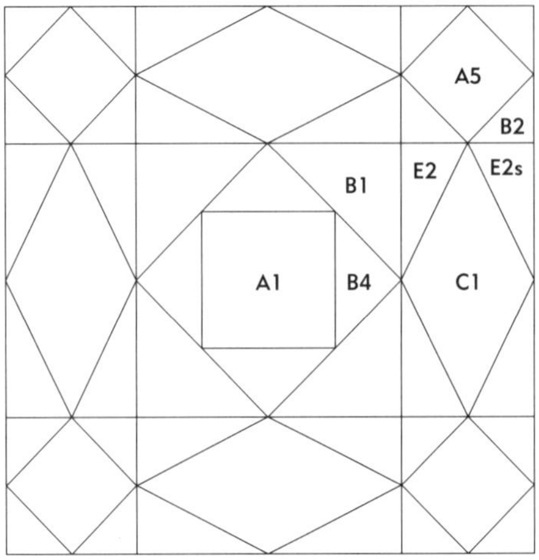

3. Storm at Sea **

A1	1x
A5	4x
B1	4x
B2	16x
B4	4x
C1	4x
E2	8x
E2s	8x

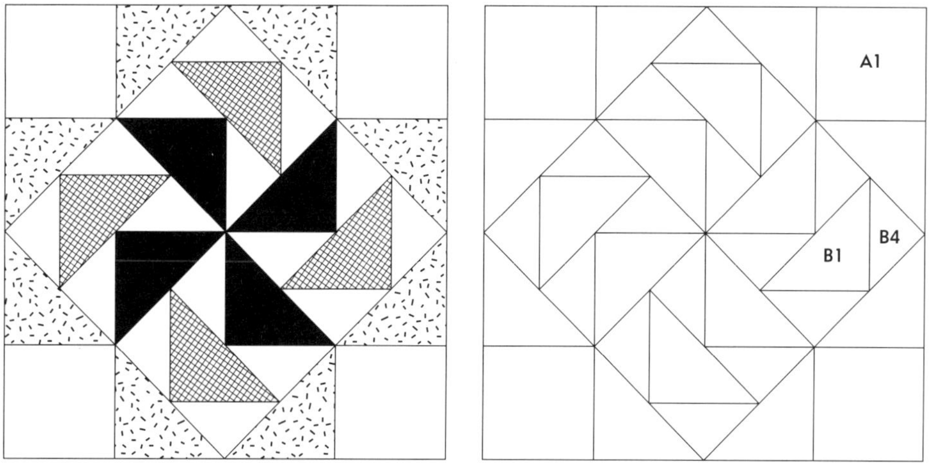

4. Crazy Ann **

A1	4x
B1	16x
B4	16x

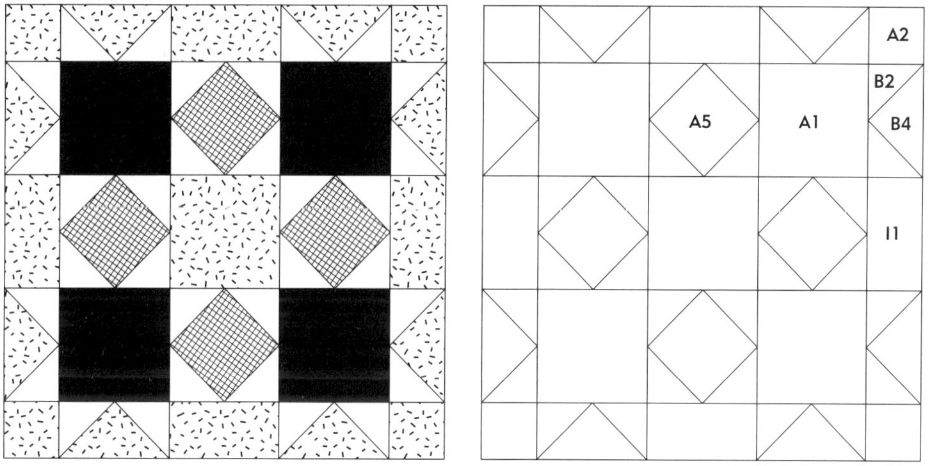

5. Devil's Claws **

A1	5x
A2	4x
A5	4x
B2	32x
B4	8x
I1	4x

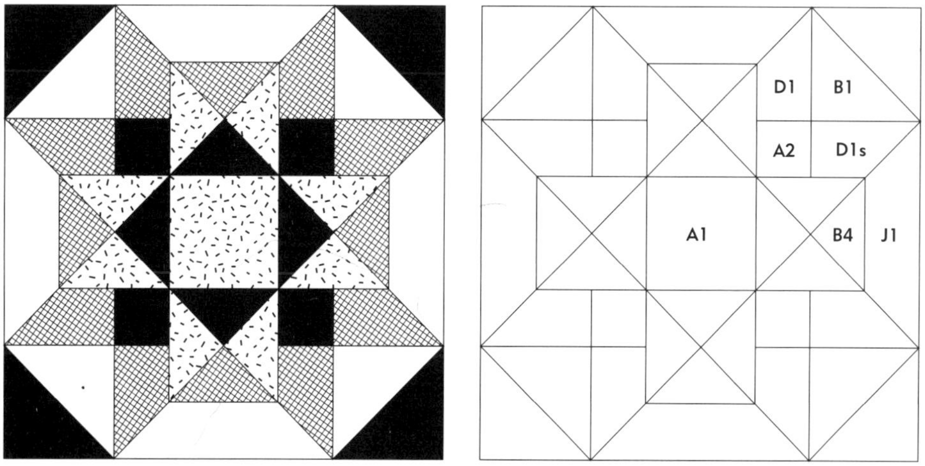

6. Grand Canyon Suite **

A1	1x
A2	4x
B1	8x
B4	16x
J1	4x
D1	4x
D1s	4x

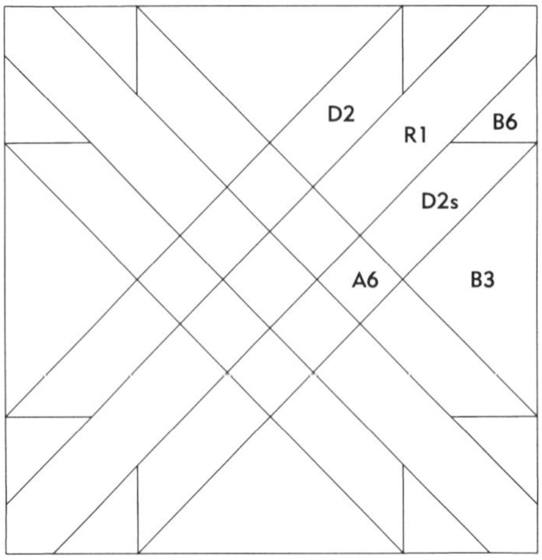

7. Star and Cross **

A6	9x
B3	4x
B6	8x
D2	4x
D2s	4x
R1	4x

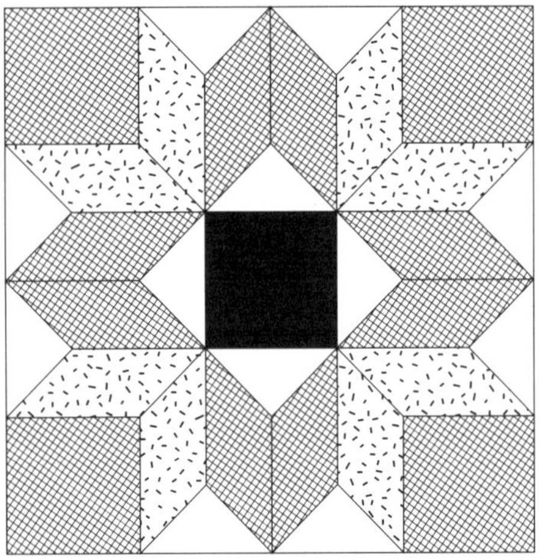

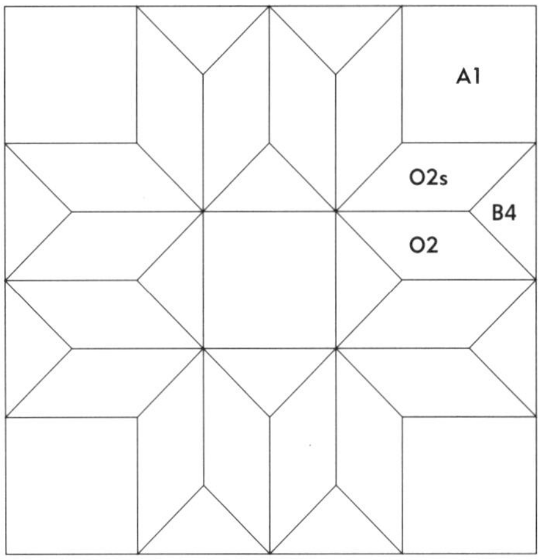

8. Laurel Wreath **

A1	5x
B4	12x
O2	8x
O2s	8x

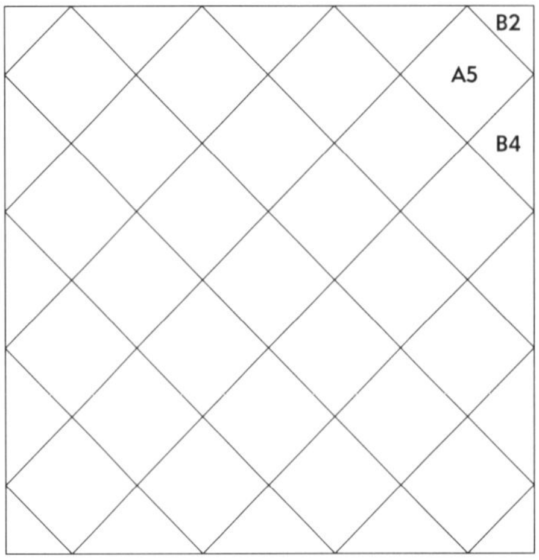

9. Chimney Sweep *

A5	25x
B2	4x
B4	12x

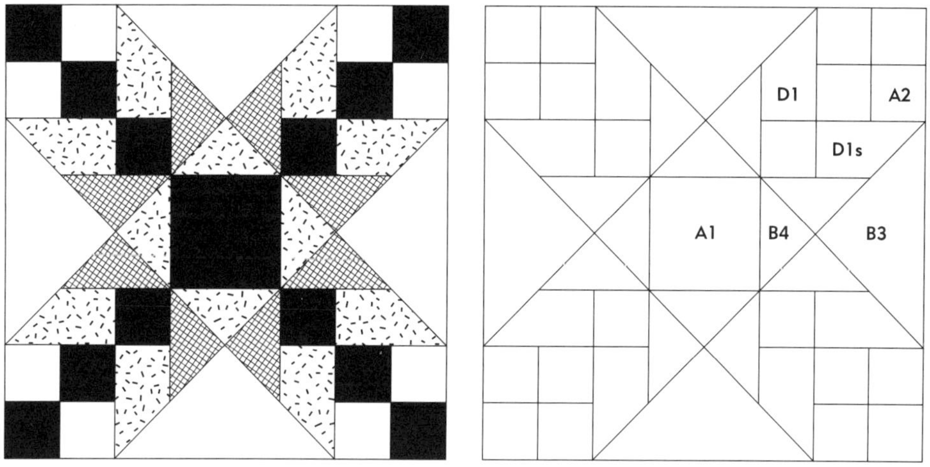

10. Auntie's Favorite **

A1	1x
A2	20x
B3	4x
B4	12x
D1	4x
D1s	4x

11. Baskets**

A3	1x
A1	4x
B2	44x
B5	4x
hengsels	4x

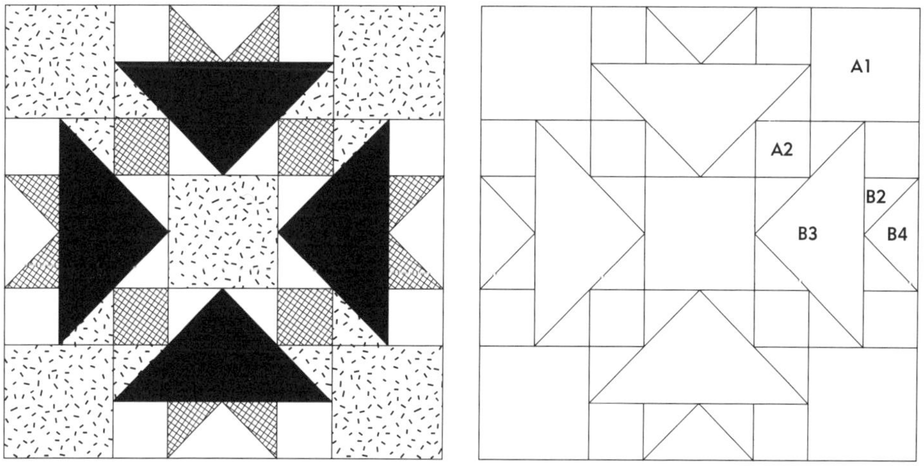

12. Crow's Foot **

A1	5x
A2	12x
B2	24x
B3	4x
B4	4x

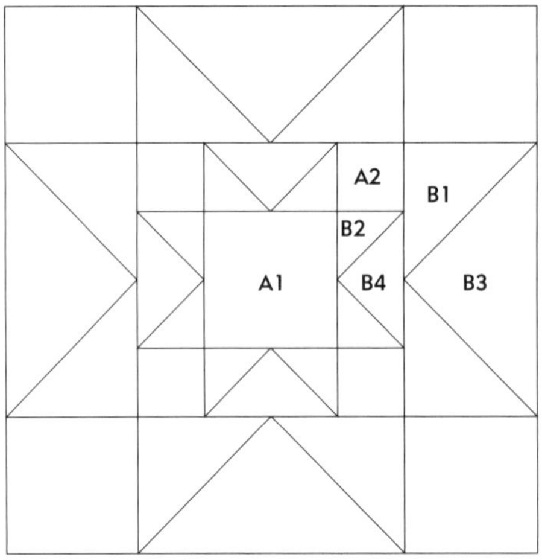

13. Double Star Flower *

A1	5x
A2	4x
B1	8x
B2	8x
B3	4x
B4	4x

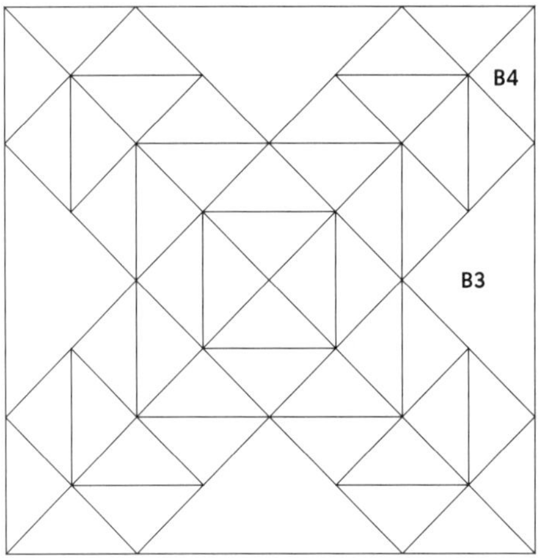

14. Country Living **

B3	4x
B4	48x

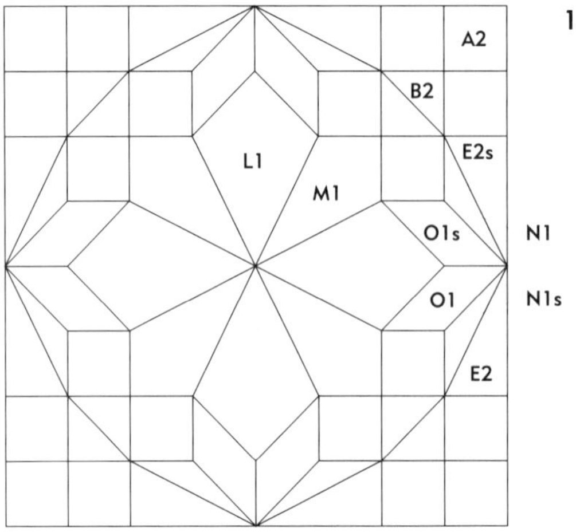

15. Little Giant ***

A2	20x
B2	8x
E2	4x
E2s	4x
L1	4x
M1	4x
N1	4x
N1s	4x
O1s	4x
O1	4x

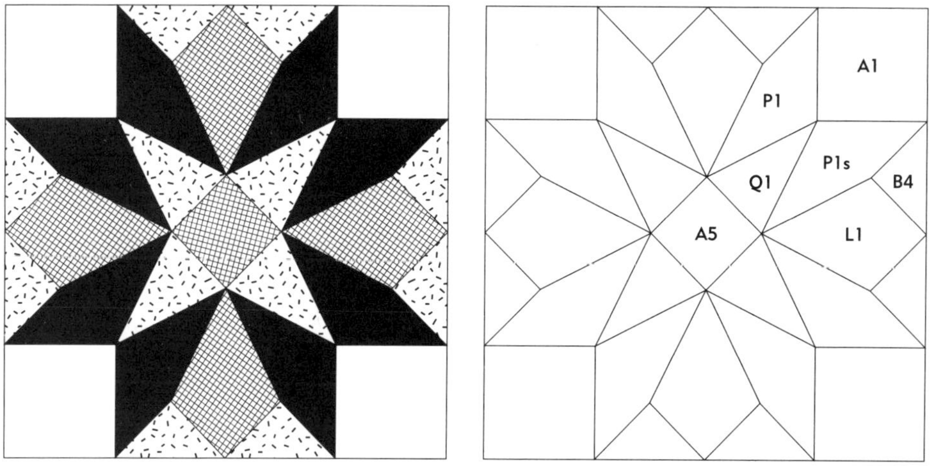

16. Sand Piper ***

A1	4x
A5	1x
B4	8x
L1	4x
P1	4x
P1s	4x
Q1	4x

17. Toad in the Puddle *

A3	1x
B1	12x
B3	4x
B4	16x

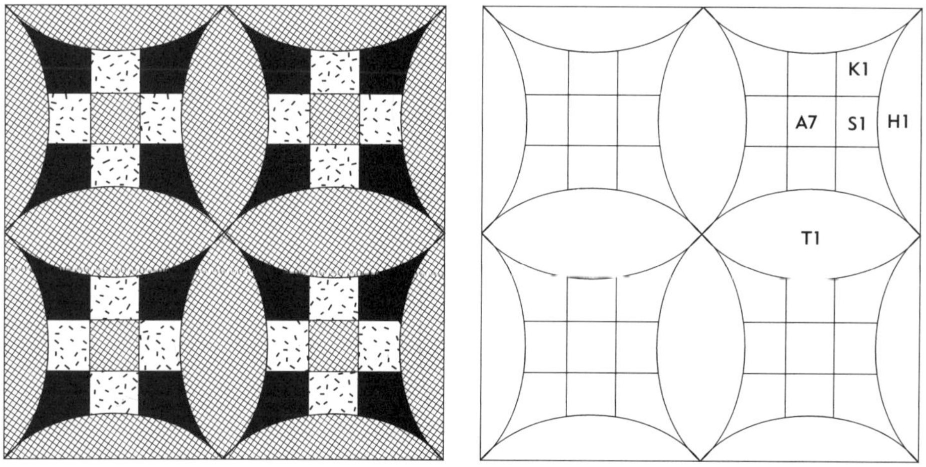

18. Improved Nine Patch ***

A7	4x
H1	8x
K1	16x
S1	16x
T1	4x

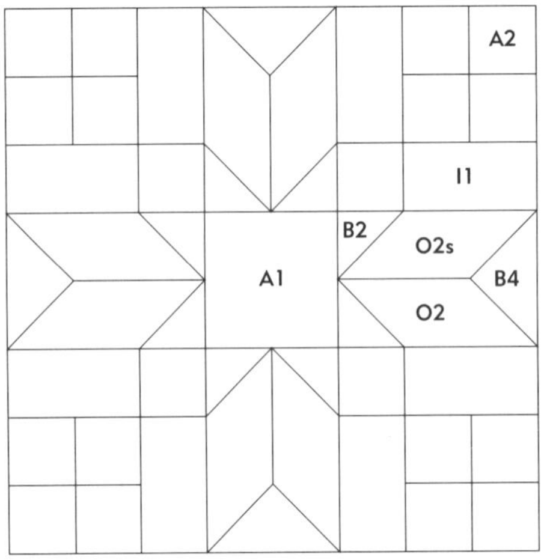

19. Stepping Stones **

A1	1x
A2	20x
B2	8x
B4	4x
I1	8x
O2	4x
O2s	4x

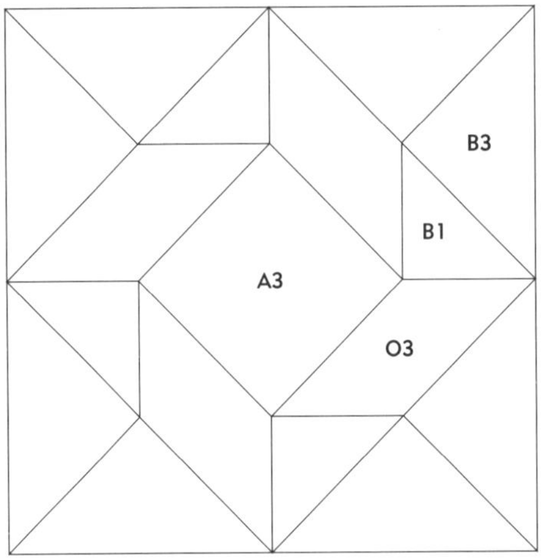

20. Windblown Shadows *

A3	1x
B1	4x
B3	8x
O3	4x

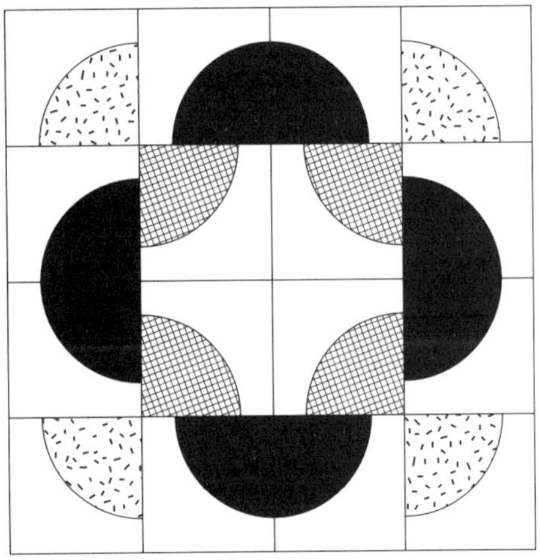
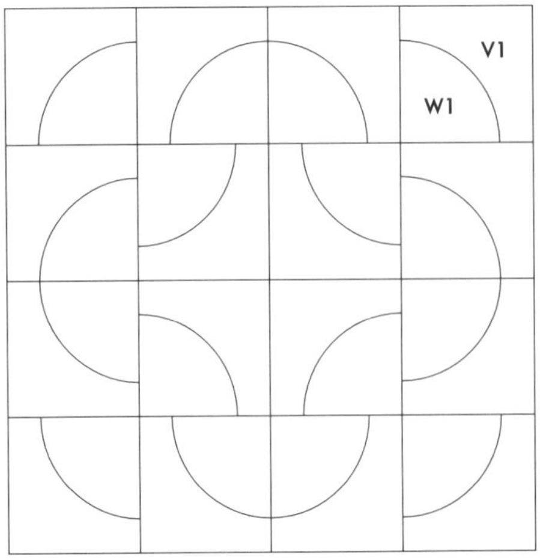

21. Mosaic **

V1	16x
W1	16x

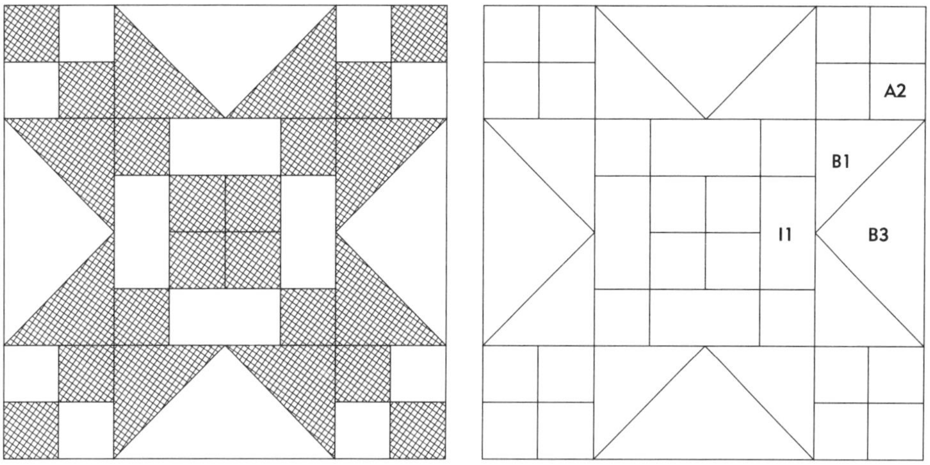

22. Hovering Hawks **

A2	24x
B1	8x
B3	4x
I1	4x

23. Star Puzzle *

B1	24x
B3	4x

24. Land of Lincoln *

B1	12x
D3	4x
O3	4x

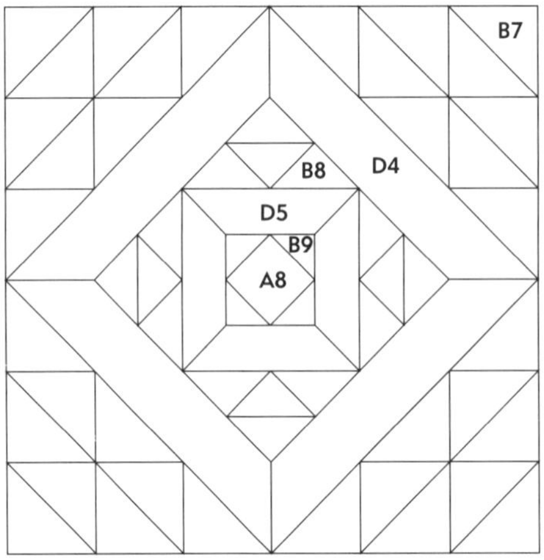

25. Mrs. Cleveland's Choice **

A8	1x
B7	36x
B8	16x
B9	4x
D4	4x
D5	4x

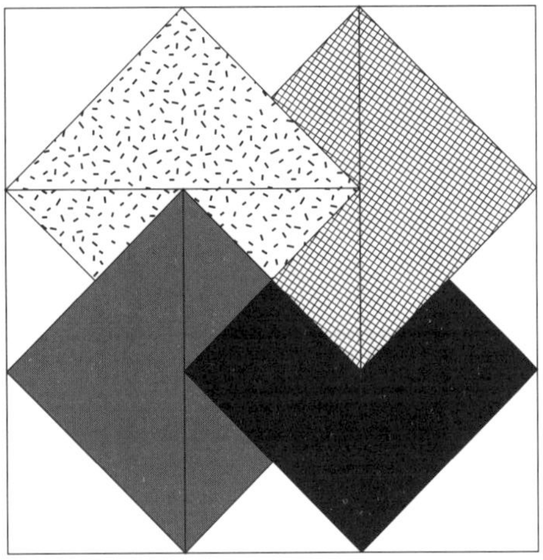

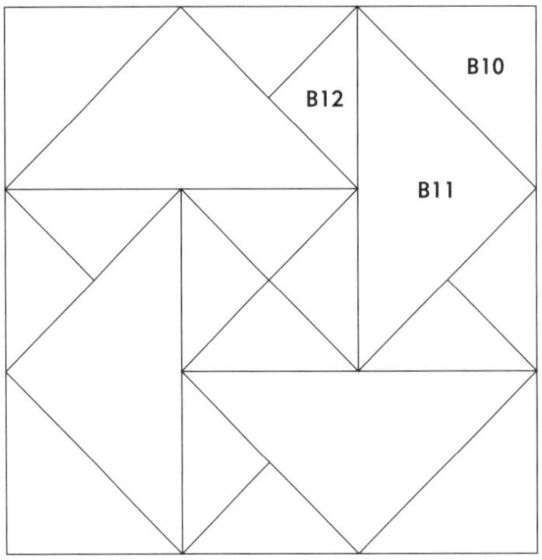

26. Card Trick *

B10	4x
B11	4x
B12	12x

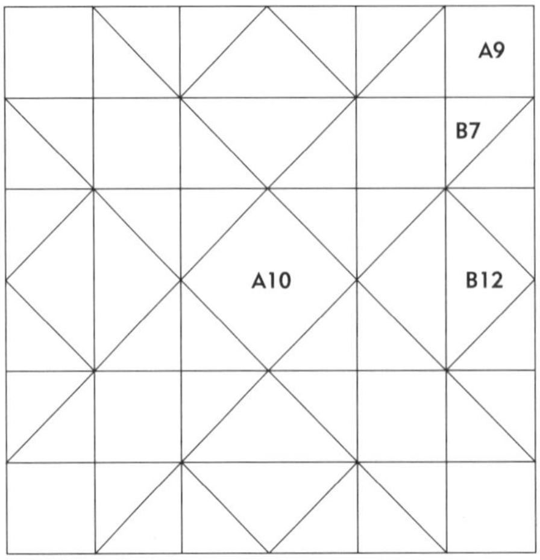

27. Indian Puzzle **

A9	8x
A10	1x
B7	36x
B12	8x

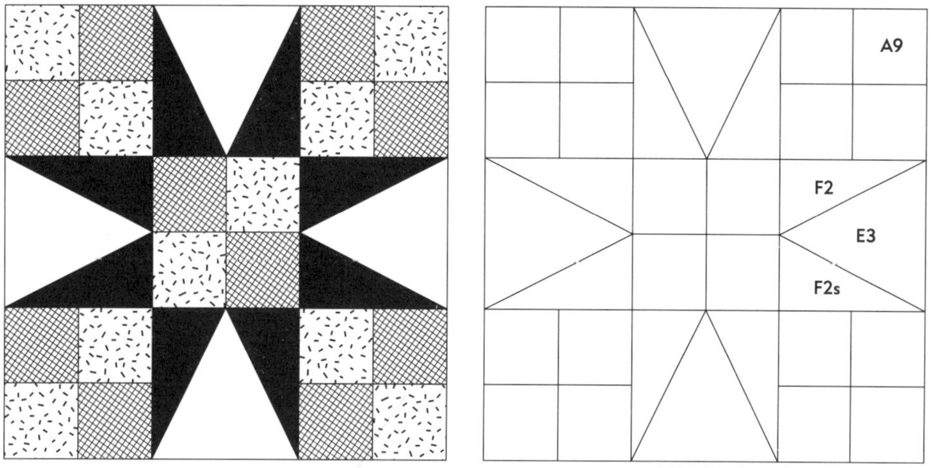

28. Pointed Star*

A9	20x
E3	4x
F2	4x
F2s	4x

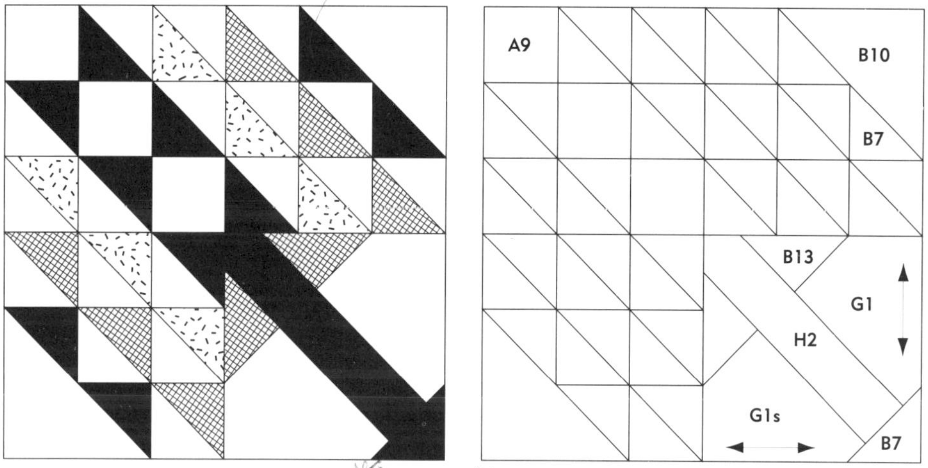

29. Lopsided Tree **

A9	3x
B7	41x
B10	2x
B13	2x
G1	1x
G1s	1x
H2	1x

30. Vive la France **

A9	1x
B7	28x
B8	16x
B12	12x
H3	4x

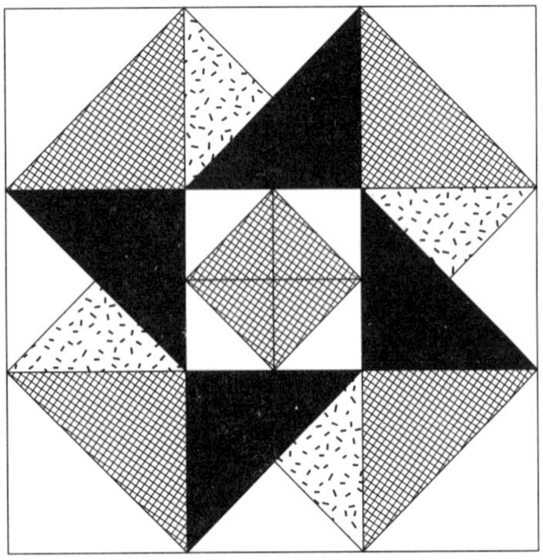

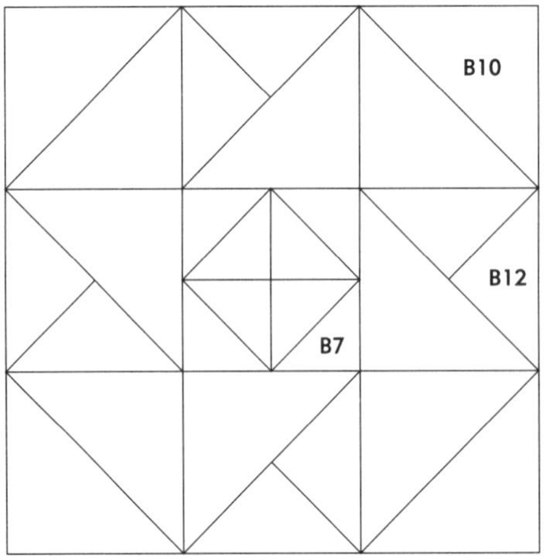

31. Card Trick Variation *

B7	8x
B10	12x
B12	8x

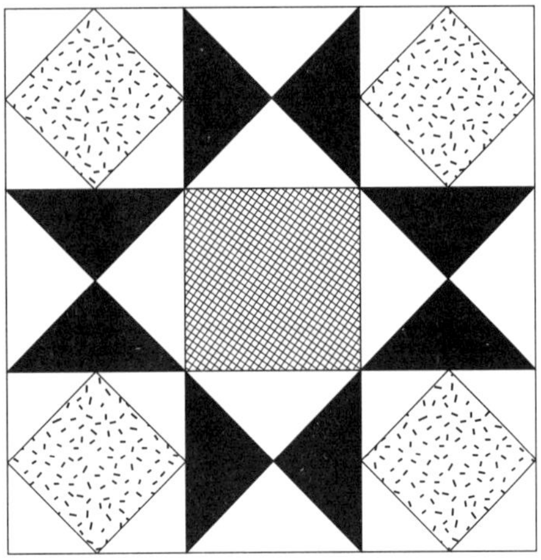

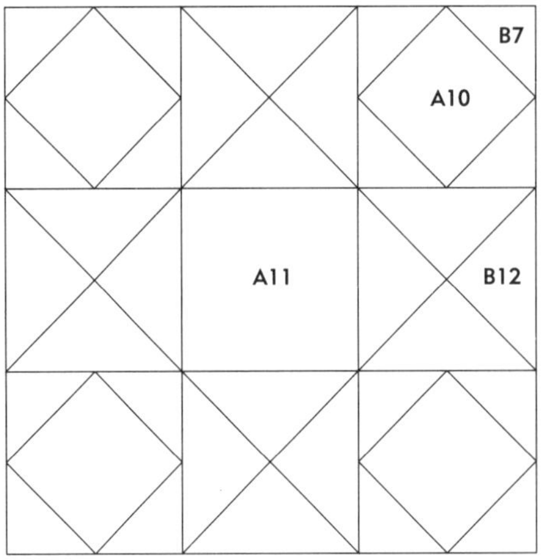

32. Easy Star *

A10	4x
A11	1x
B7	16x
B12	16x

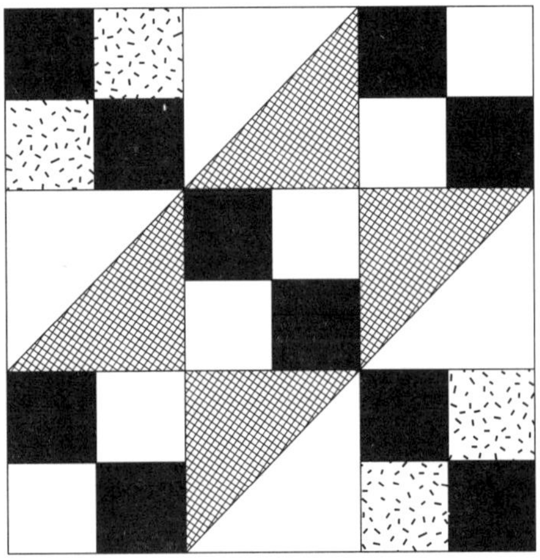

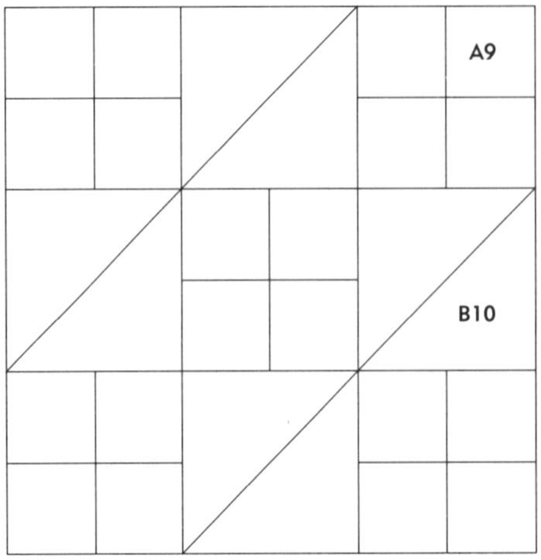

33. Jacob's Ladder *

A9	20x
B10	8x

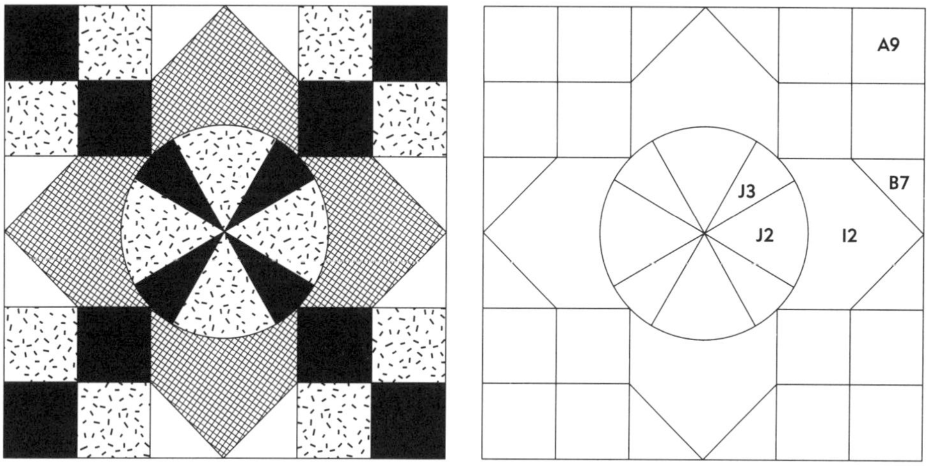

34. Square and Circle ***

A9	16x
B7	8x
I2	4x
J2	4x
J3	4x

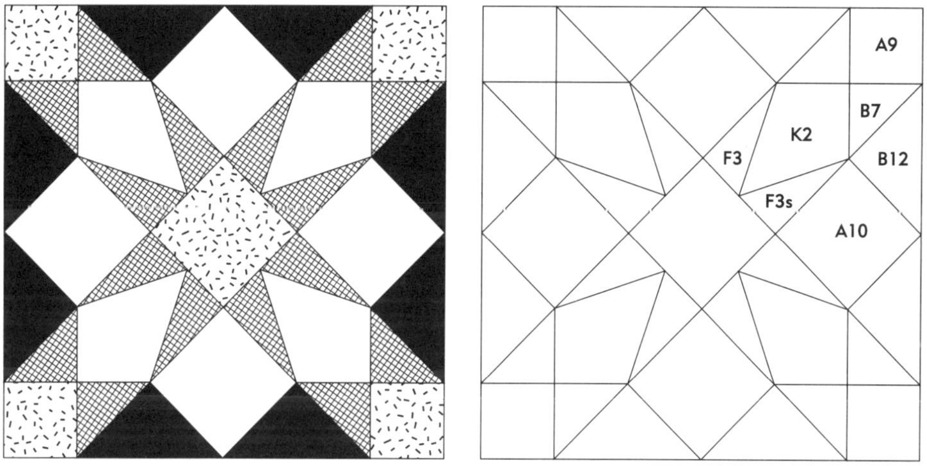

35. Song and Dance **

A9	4x
A10	5x
B7	8x
B12	8x
F3	4x
F3s	4x
K2	4x

36. Chains *

A8	4x
A10	1x
B10	4x
B12	4x
L2	20x

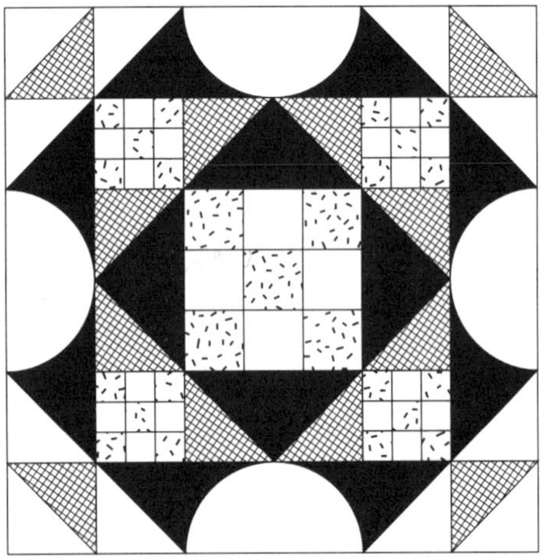

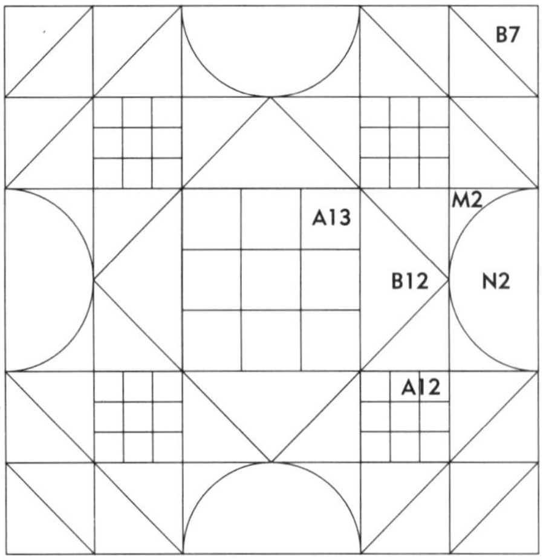

37. Nine Patch and Circle ***

A12	36x
A13	9x
B7	32x
B12	4x
M2	8x
N2	4x

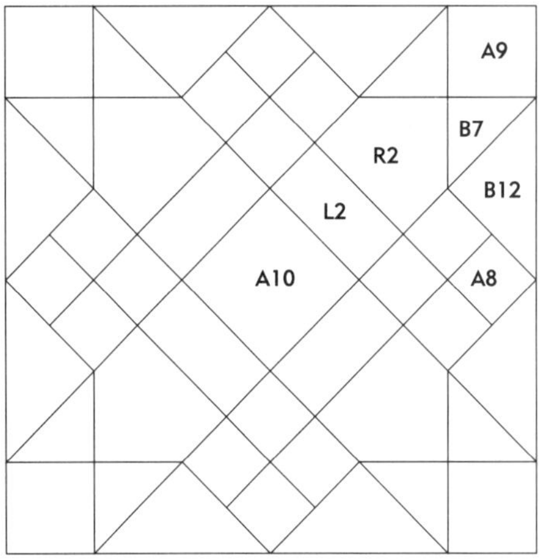

38. Country Boy **

A8	16x
A9	4x
A10	1x
B7	8x
B12	8x
L2	4x
R2	4x

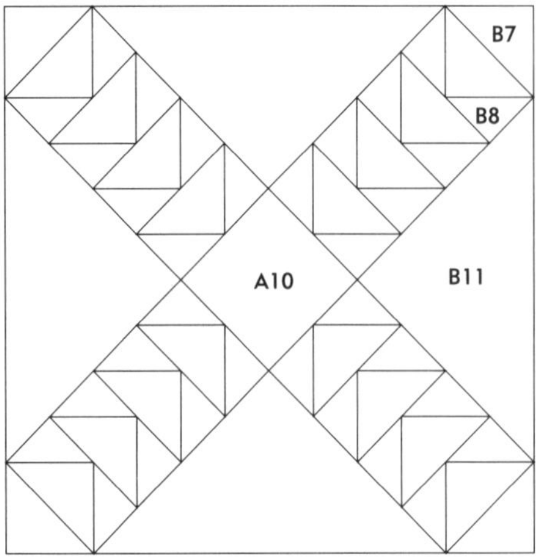

39. Wild Goose Flight **

A10	1x
B7	20x
B8	32x
B11	4x

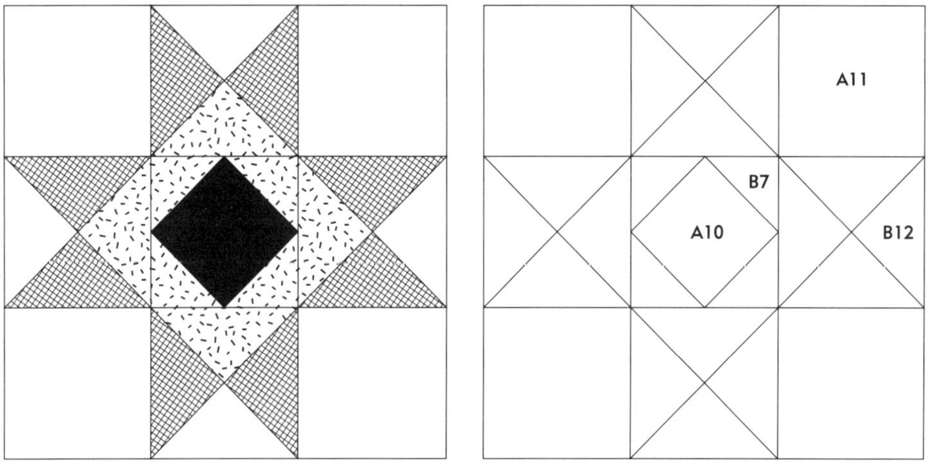

40. Another Star *

A10	1x
A11	4x
B7	4x
B12	16x

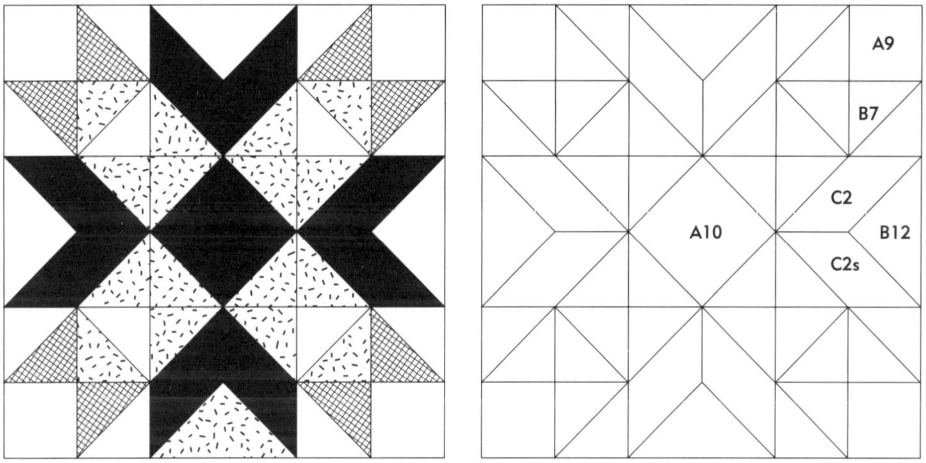

41. Wyoming Valley **

A9	4x
A10	1x
B7	36x
B12	4x
C2	4x
C2s	4x

42. Challenge **

A9	16x
A11	1x
B7	8x
B12	4x
C2	4x
C2s	4x

43. Album Star **

A10	1x
B7	20x
B12	4x
C2	4x
C2s	4x
D6	8x

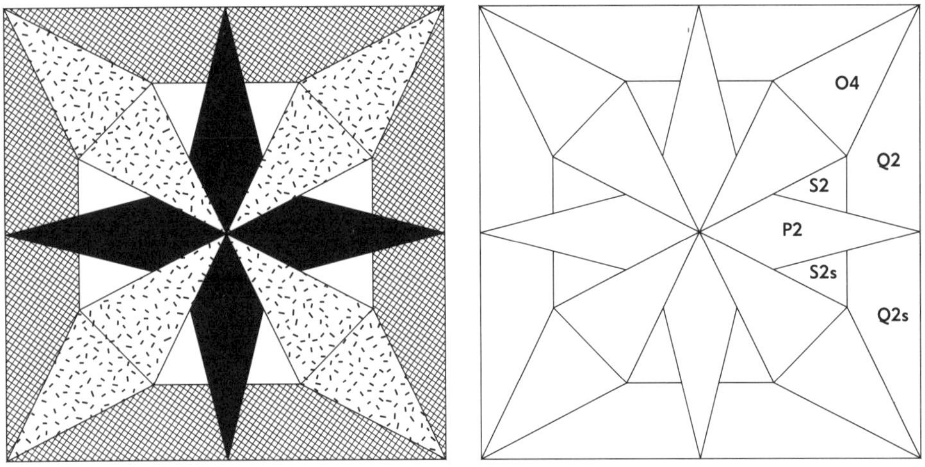

44. Carolina Pinwheel ***

O4	8x
P2	4x
Q2	4x
Q2s	4x
S2	4x
S2s	4x

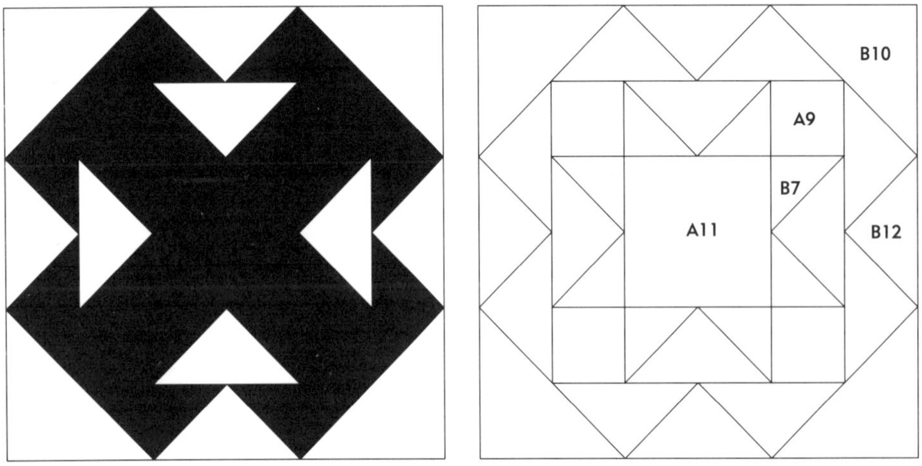

45. Double T **

A9	4x
A11	1x
B7	8x
B10	4x
B12	16x

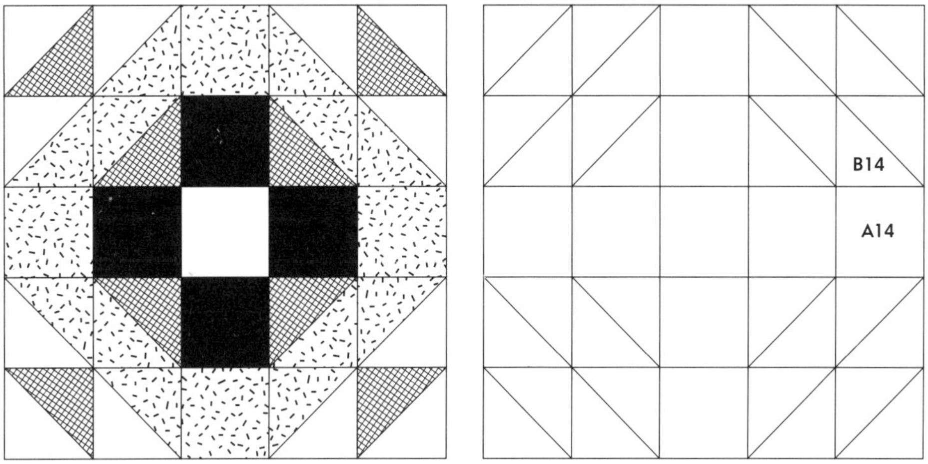

46. Wedding Ring *

A14	9x
B14	32x

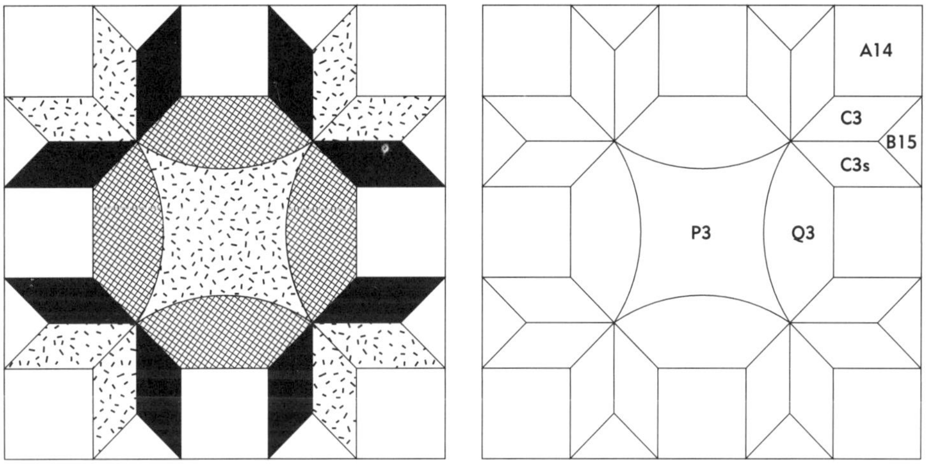

47. Hands All Around **

A14	8x
B15	8x
C3	8x
C3s	8x
P3	1x
Q3	4x

48. Mosaic Star ***

A15	4x
A16	1x
A17	4x
B15	20x
B16	32x
C4	8x
C4s	8x

49 Sister's Choice *

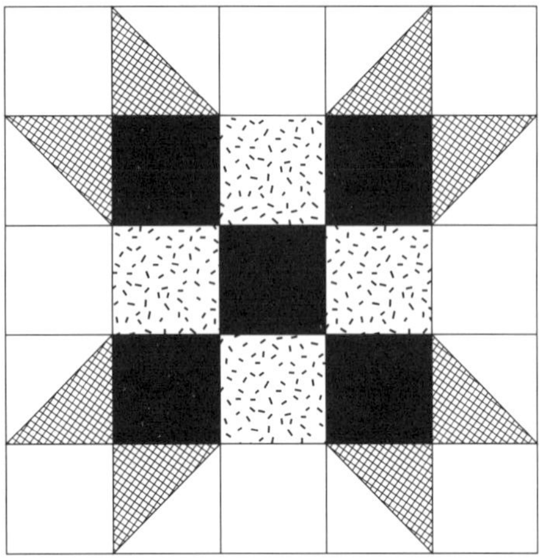

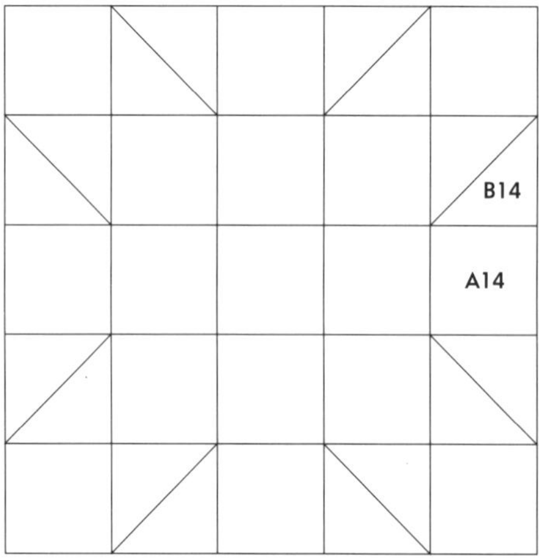

A14	17x
B14	16x

50. Goose Track *

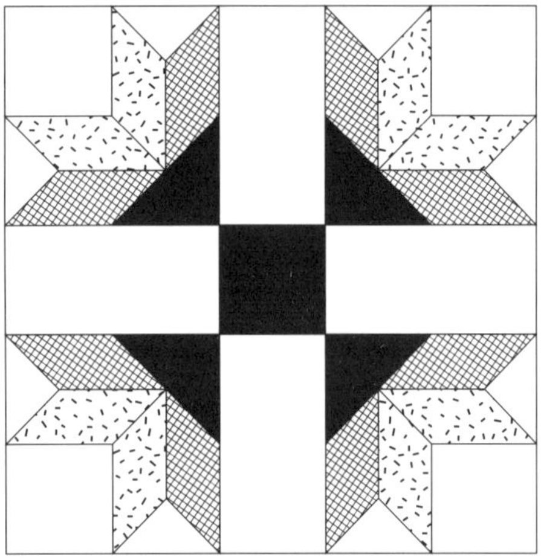

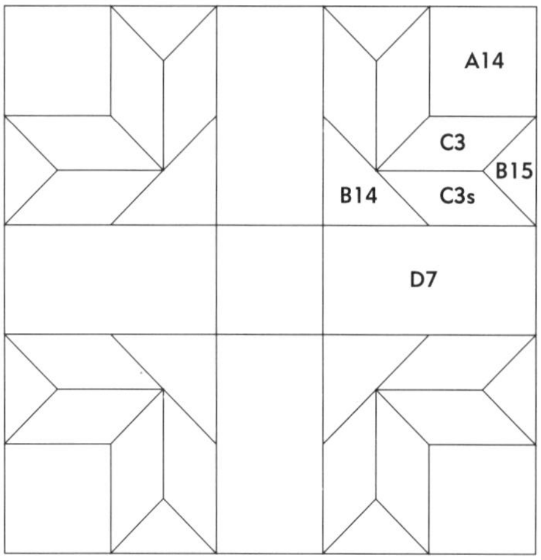

A14	5x
B14	4x
B15	8x
C3	8x
C3s	8x
D7	4x

51. Sandy's Scar ***

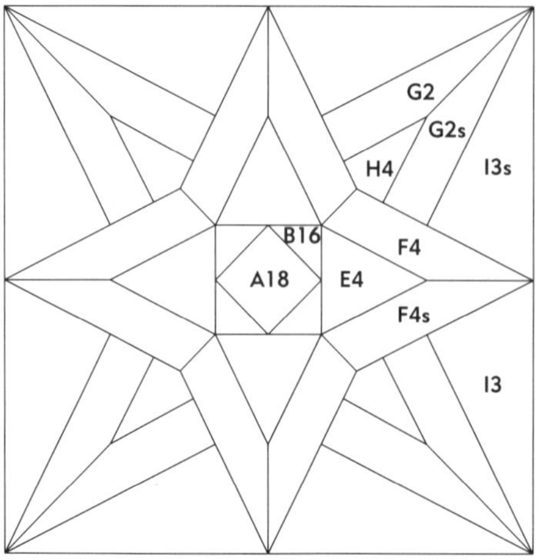

A18	1x
B16	4x
E4	4x
F4	4x
F4s	4x
G2	4x
G2s	4x
H4	4x
I3	4x
I3s	4x

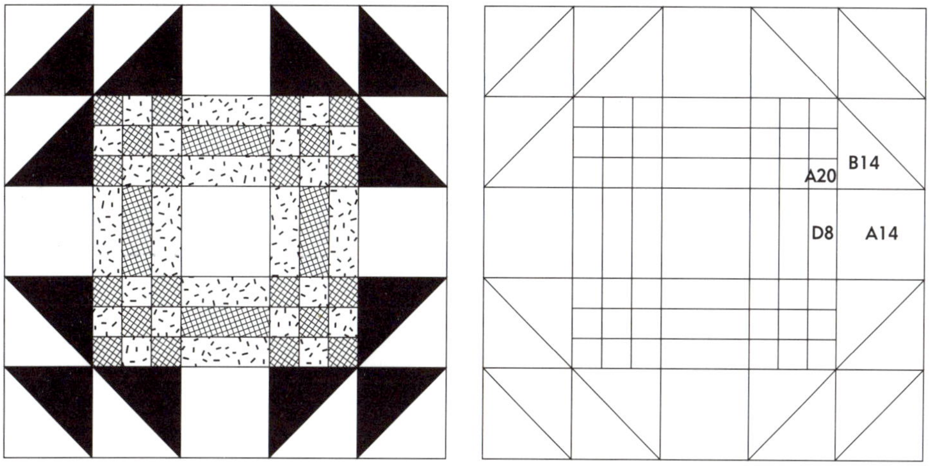

52. Young Man's Fancy *

A14	5x
A20	36x
B14	24x
D8	12x

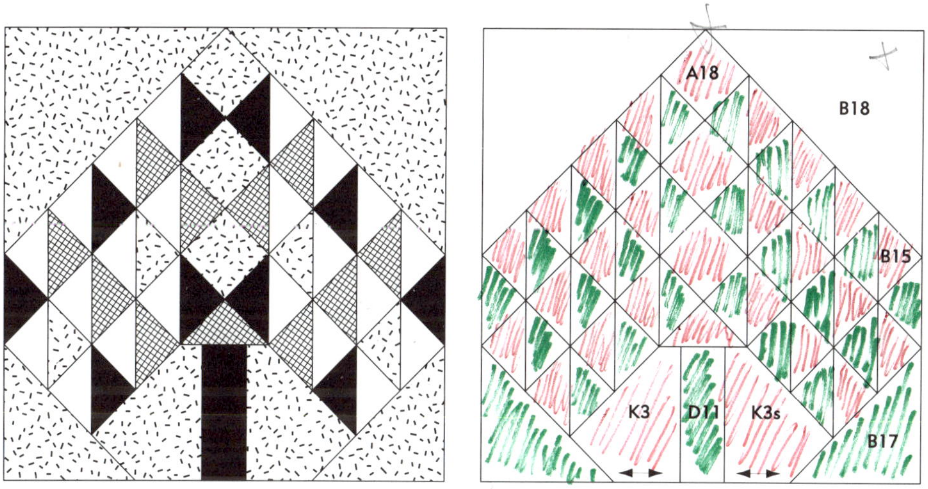

53. Tree **

A18	3x
B15	47x
B17	2x
B18	2x
D11	1x
K3	1x
K3s	1x

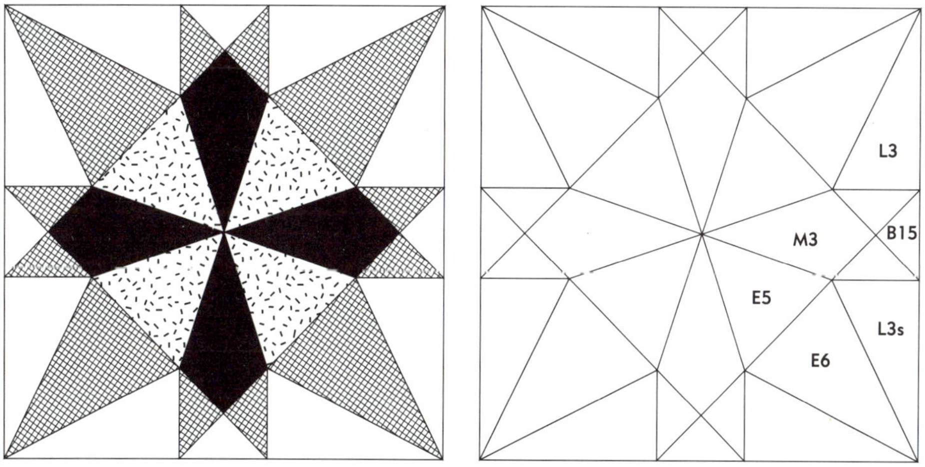

54. Here is the Steeple **

B15	12x
E5	4x
E6	4x
L3	4x
L3s	4x
M3	4x

55. David's Crown *

A14	4x
A19	1x
B14	20x
B15	16x
N3	4x

56. Baker's Dozen **

A14	4x
A16	1x
A18	12x
B14	8x
B15	12x
O5	4x

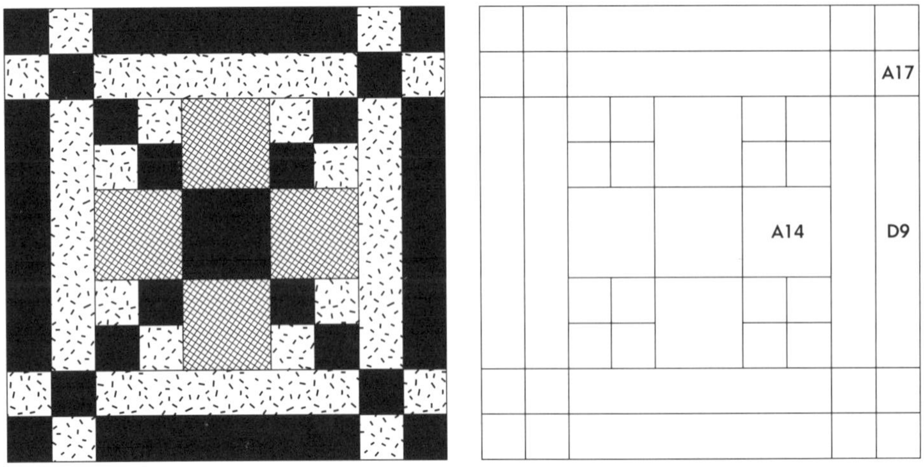

57. Stitcher's Square *

A14	5x
A17	32x
D9	8x

58. Memory Block **

A14	5x
B14	32x
B15	16x

59. California Dreamin' **

A14	9x
A17	12x
B17	4x
B19	16x
D10	8x

60. Joseph's Coat **

A14	4x
A16	1x
A18	4x
B14	16x
B15	36x

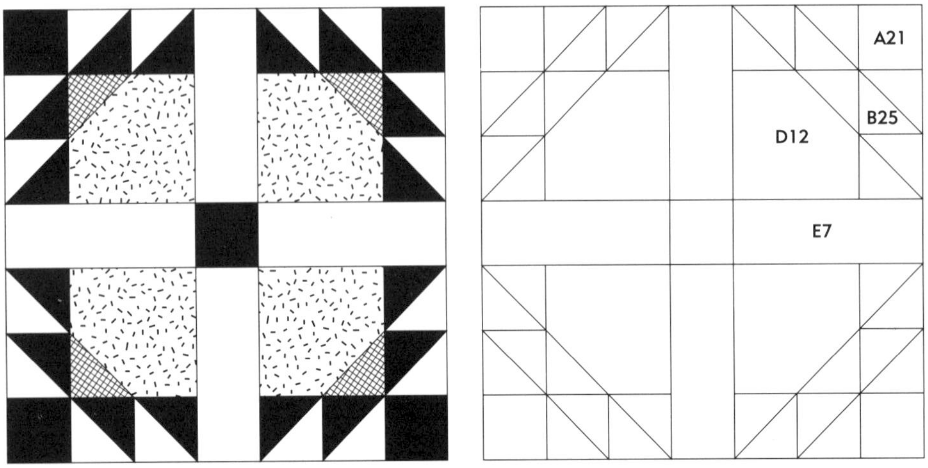

61. Dove in the Window *

A21	5x
B25	36x
D12	4x
E7	4x

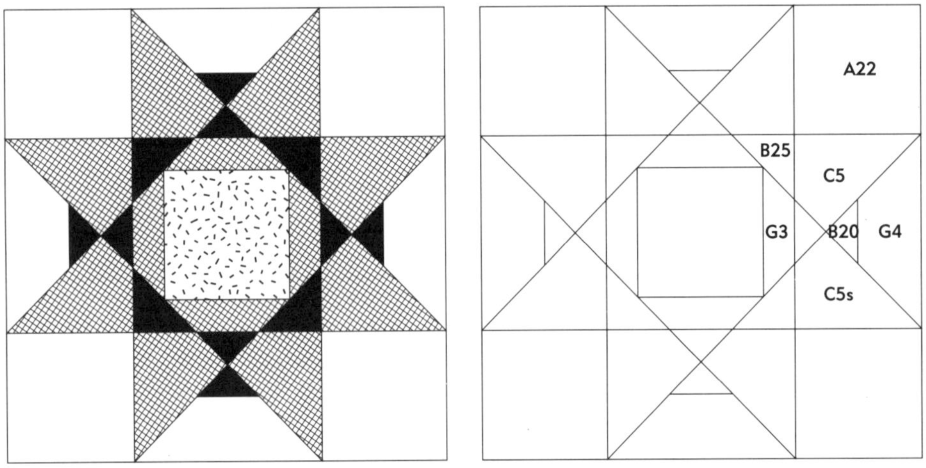

62. Rocky Mountain **

A22	5x
B20	8x
B25	4x
C5	4x
C5s	4x
G3	4x
G4	4x

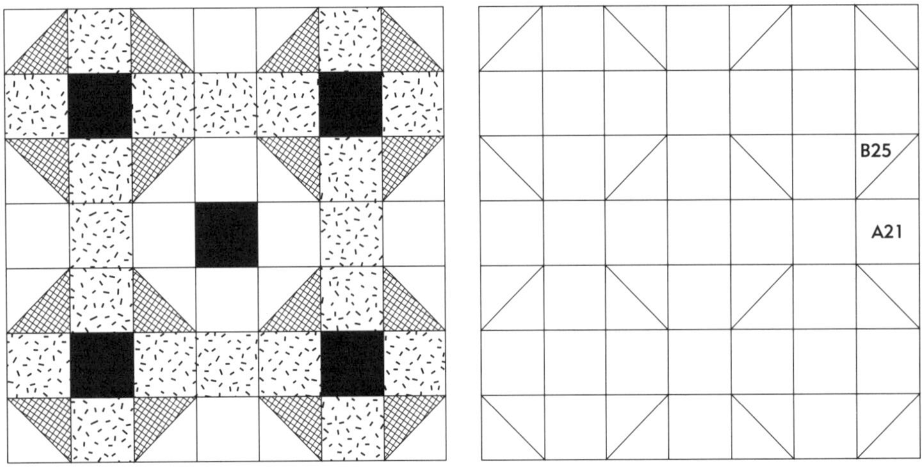

63. Greek Cross *

A21	33x
B25	32x

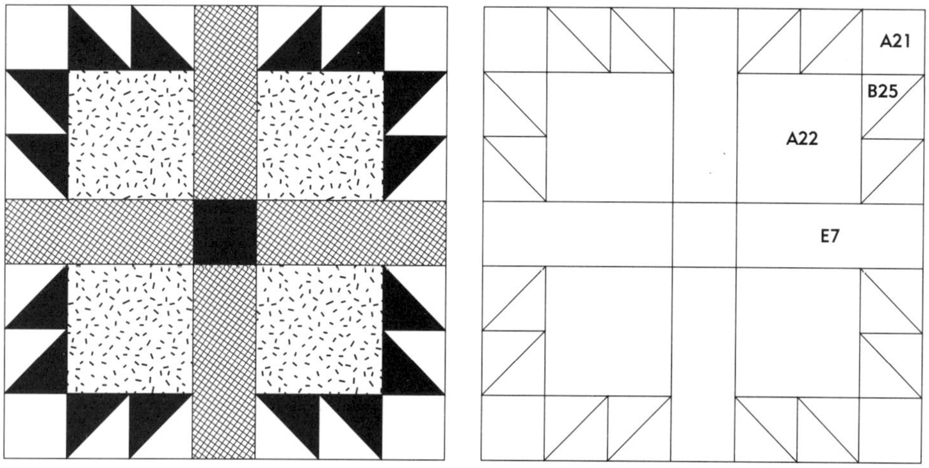

64. Bear's Paw *

A21	5x
A22	4x
B25	32x
E7	4x

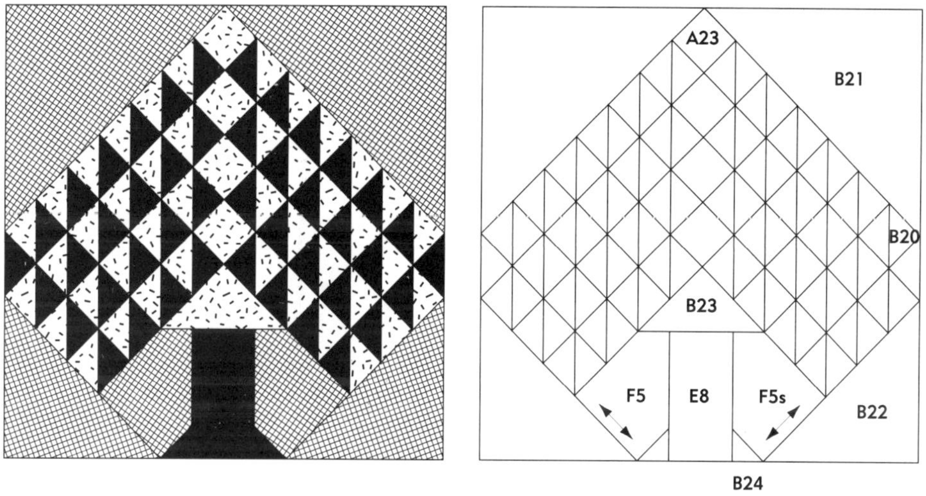

65. Tree of Paradise ***

A23	4x
B20	86x
B21	2x
B22	2x
B23	1x
B24	2x
E8	1x
F5	1x
F5s	1x

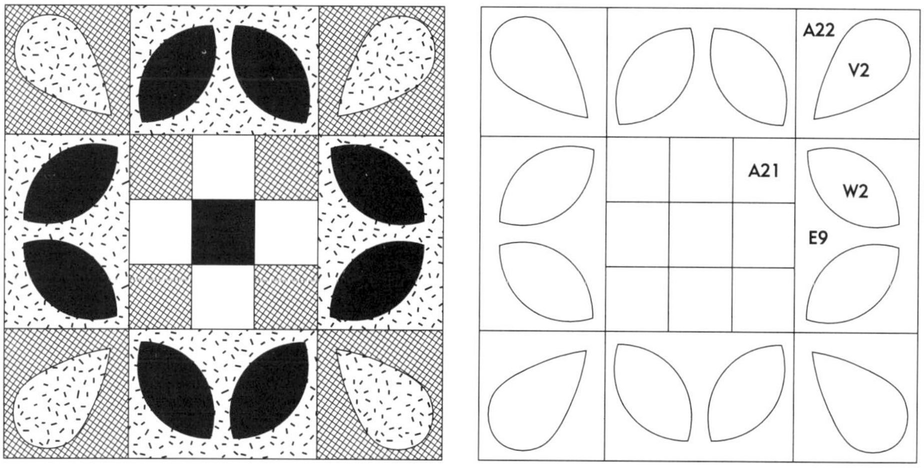

66. Honey Bee **

A21	9x
A22	4x
E9	4x
V2	4x
W2	8x

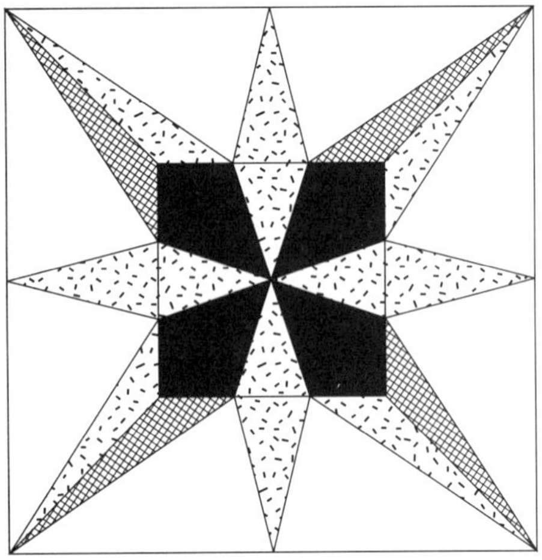

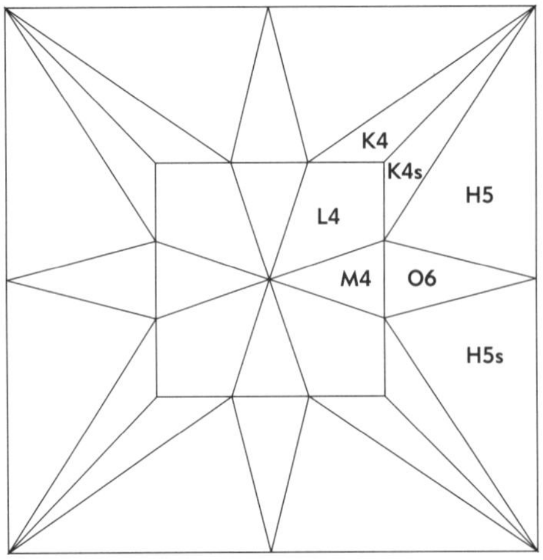

67. Cave Crystal ***

H5	4x
H5s	4x
K4	4x
K4s	4x
L4	4x
M4	4x
O6	4x

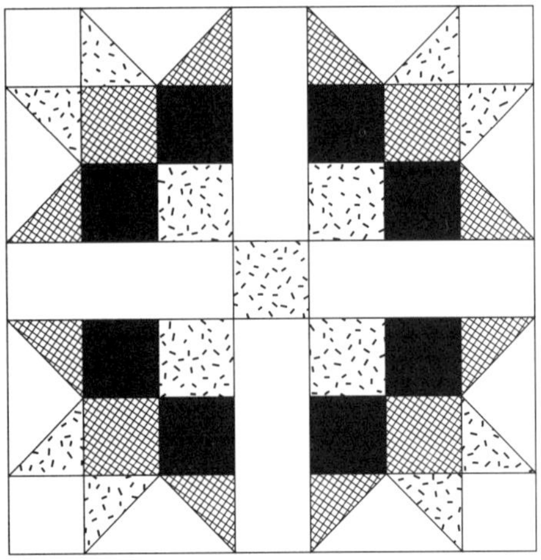

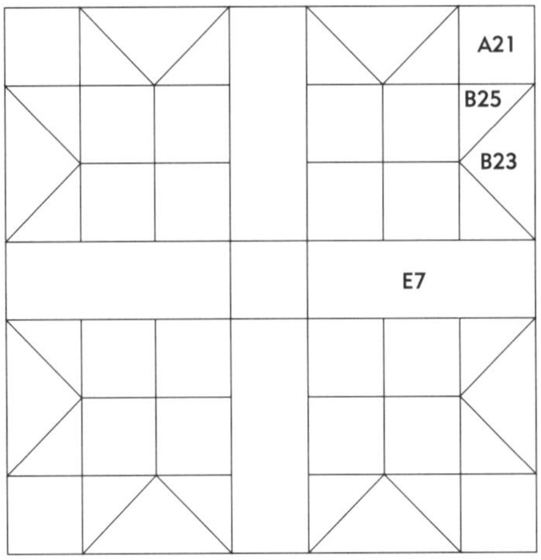

68. Magnolia *

A21	21x
B25	16x
B23	8x
E7	4x

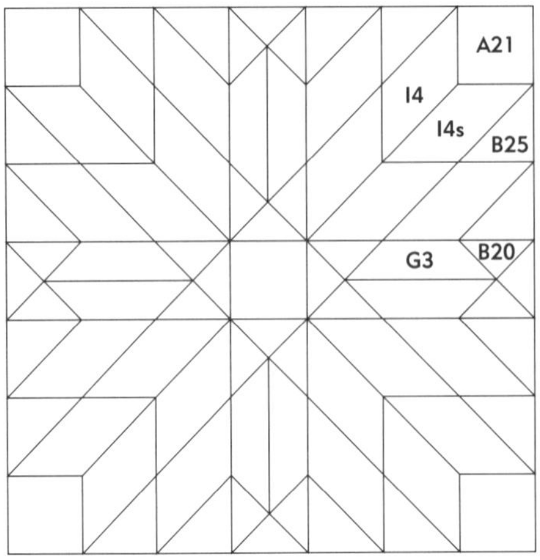

69. Stephanie's Garden ***

A21	5x
B20	24x
B25	16x
G3	8x
I4	12x
I4s	12x

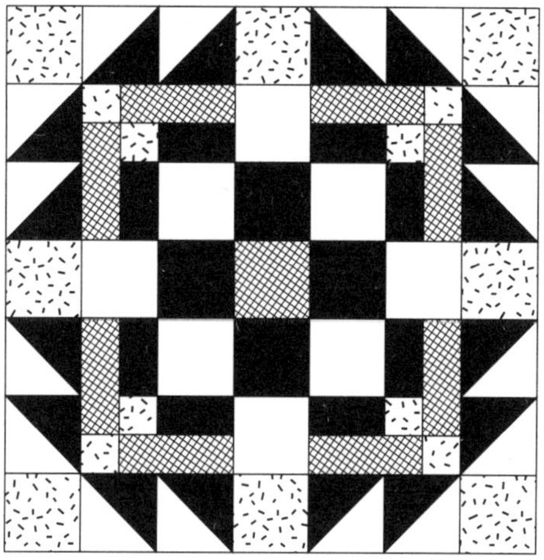

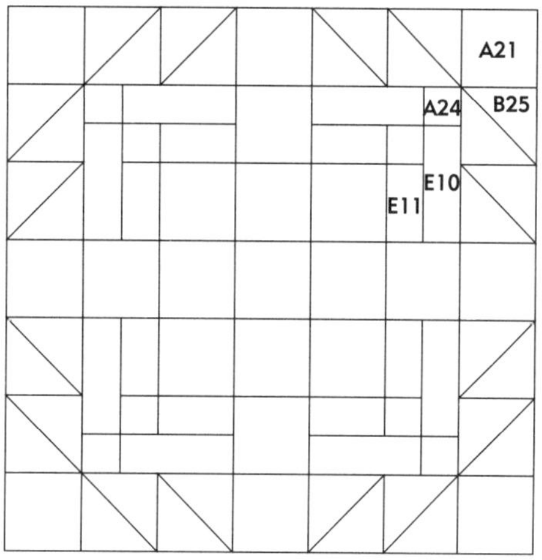

70. Patience Patchwork **

A21	21x
A24	8x
B25	32x
E10	8x
E11	8x

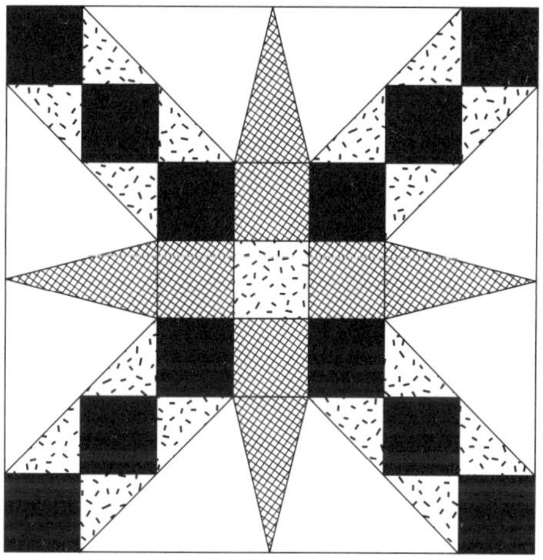

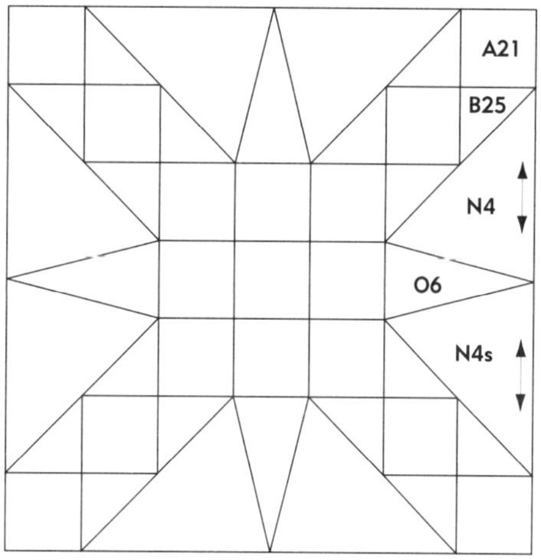

71. Sixpence **

A21	17x
B25	16x
N4	4x
N4s	4x
O6	4x

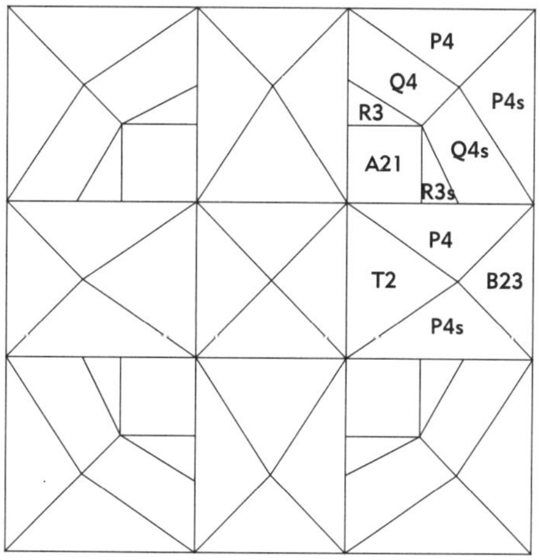

72. Spectre Star ***

A21	4x
B23	8x
P4	8x
P4s	8x
Q4	4x
Q4s	4x
R3	4x
R3s	4x
T2	4x

73. Eleane's Choice **

A25	1x
B26	4x
D13	4x
D13s	4x
E10	4x
F6	8x
F7	4x

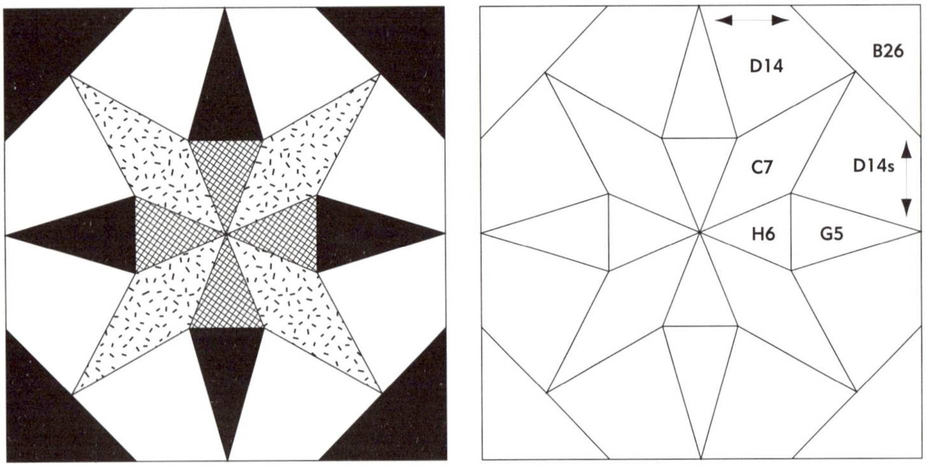

74. Challenge Star **

B26	4x
C7	4x
D14	4x
D14s	4x
G5	4x
H6	4x

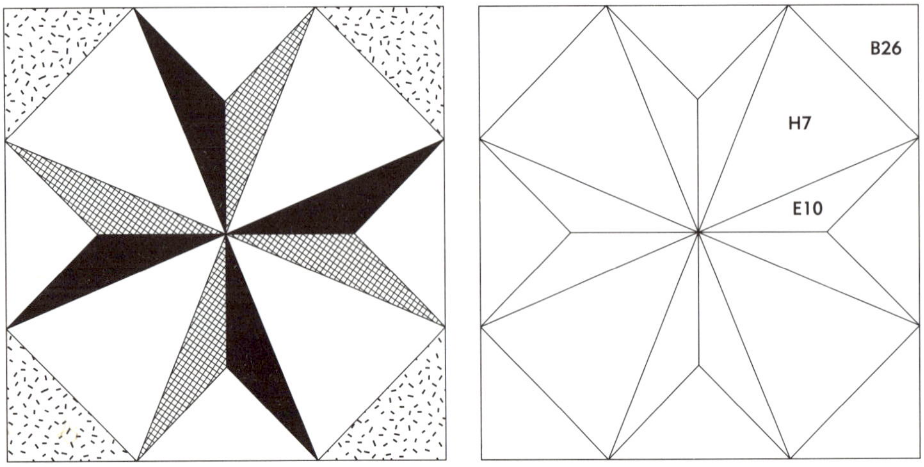

75. V-Block **

B26	8x
E 10	8x
H7	4x

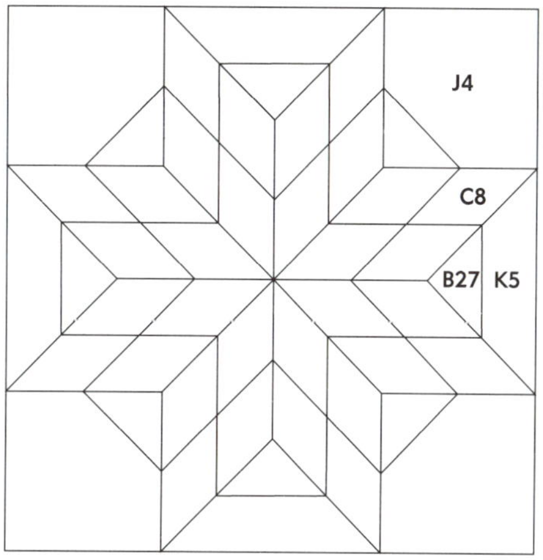

76. Blazing Star **

B27	8x
C8	32x
J4	4x
K5	4x

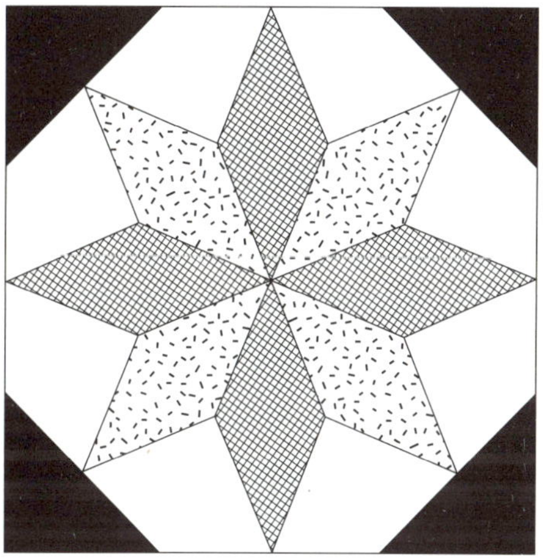

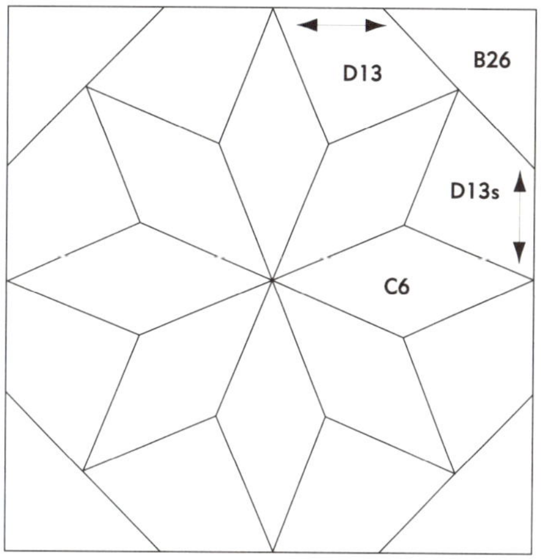

77. Star Bright *

B26	4x
C6	8x
D13	4x
D13s	4x

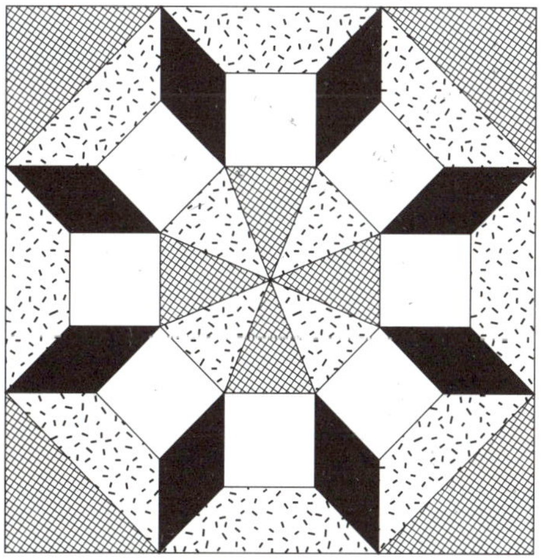

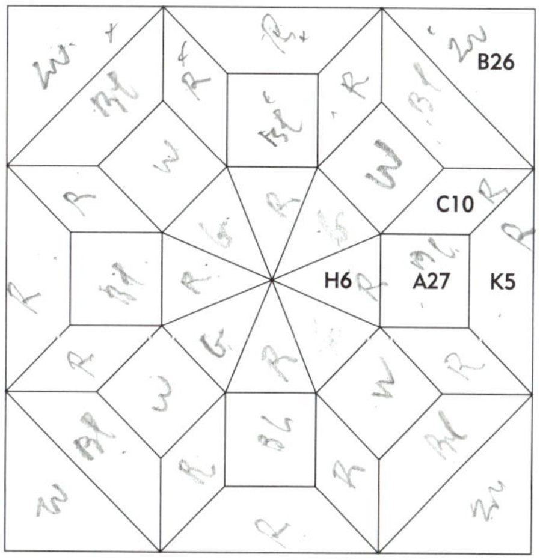

78. Castle Wall **

A27	8x
B26	4x
C10	8x
H6	8x
K5	8x

36.

4 kleuren.

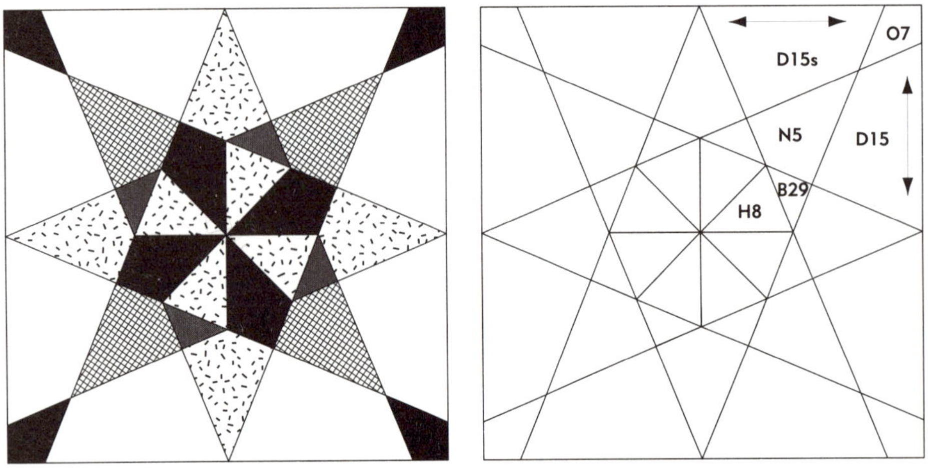

79. Square Star **

B29	8x
D15	4x
D15s	4x
H8	8x
N5	8x
O7	4x

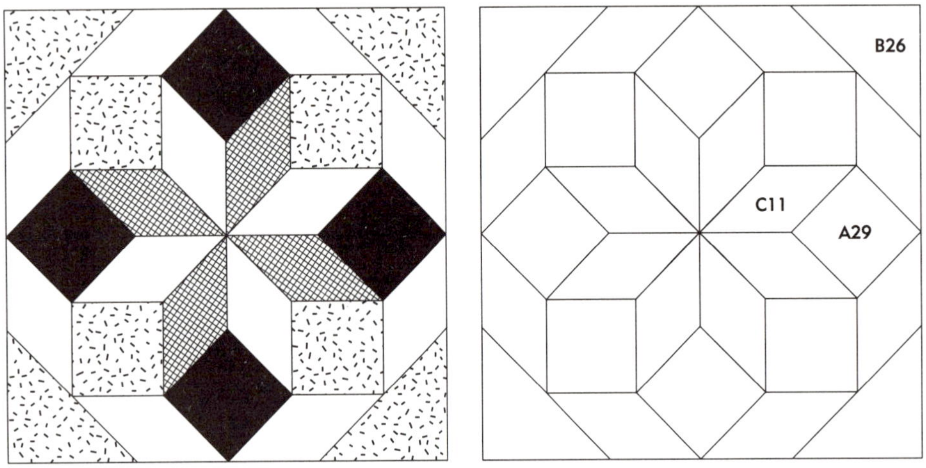

80. Rolling Star **

A29	8x
B26	4x
C11	16x

81. Harvest Sun **

A25	4x
B26	4x
C9	72x

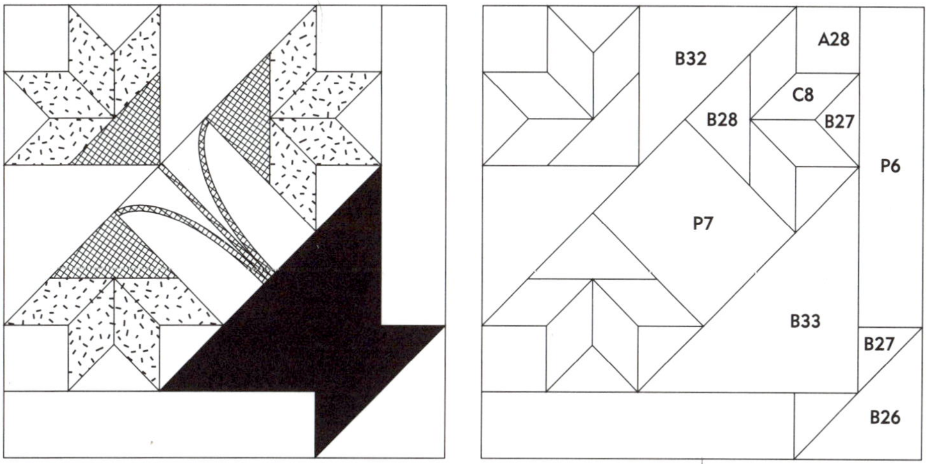

82. Carolina Lily **

A28	3x
B26	1x
B27	8x
B28	3x
B33	1x
C8	12x
P6	2x
P7	1x

Zie voor de geappliqueerde stengels de tekst (blz. 34)

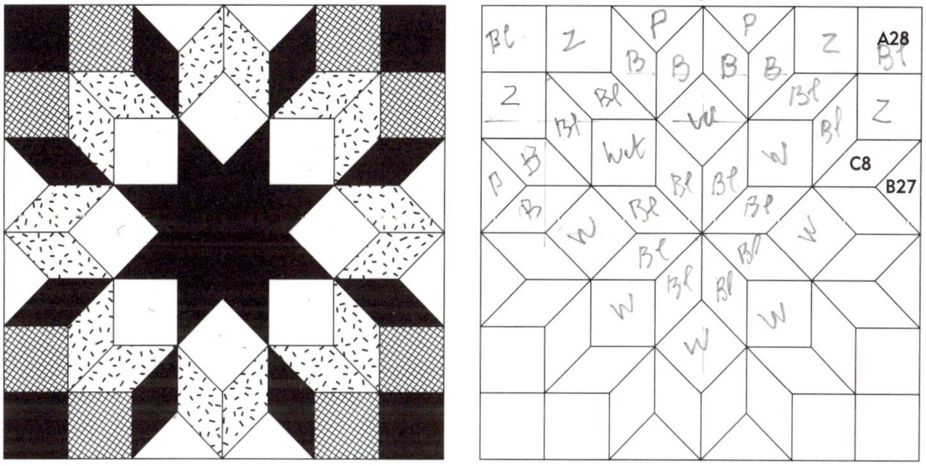

83. Broken Star ***

A28	20x
B27	8x
C8	32x

84. Flying Swallows ***

A25	4x
B26	4x
B30	32x
C12	24x

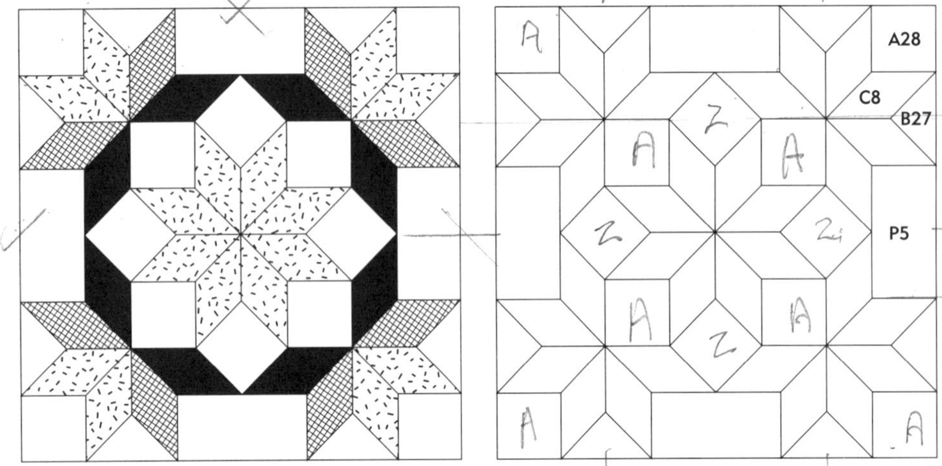

85. Dutch Rose **

A28	12x
B27	8x
C8	32x
P5	4x

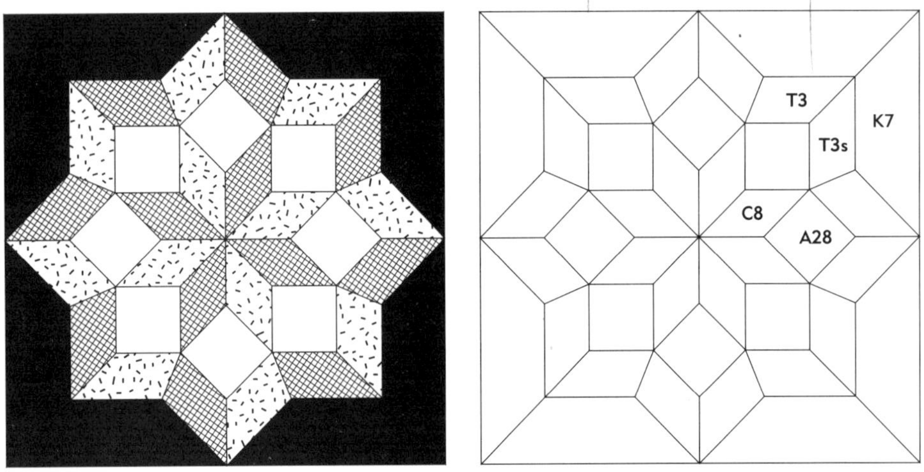

86. Middle Ages **

A28	8x
C8	8x
K7	8x
T3	8x
T3s	8x

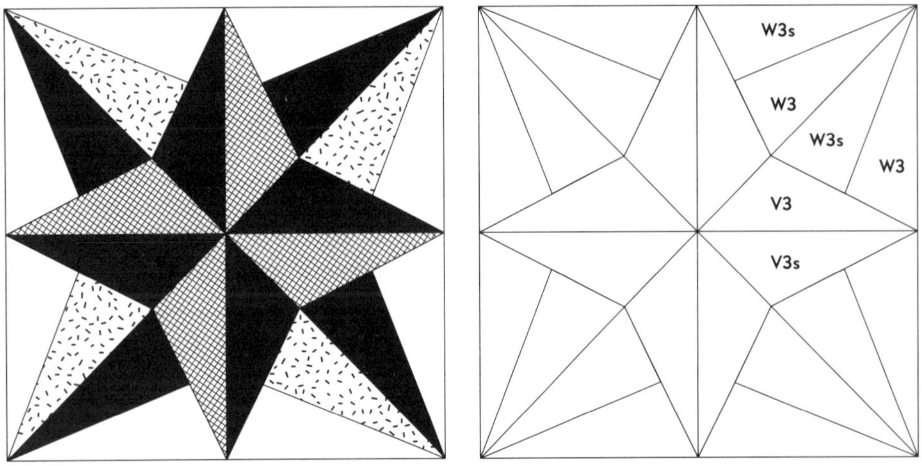

87 Patchwork Design *

V3	4x
V3s	4x
W3	8x
W3s	8x

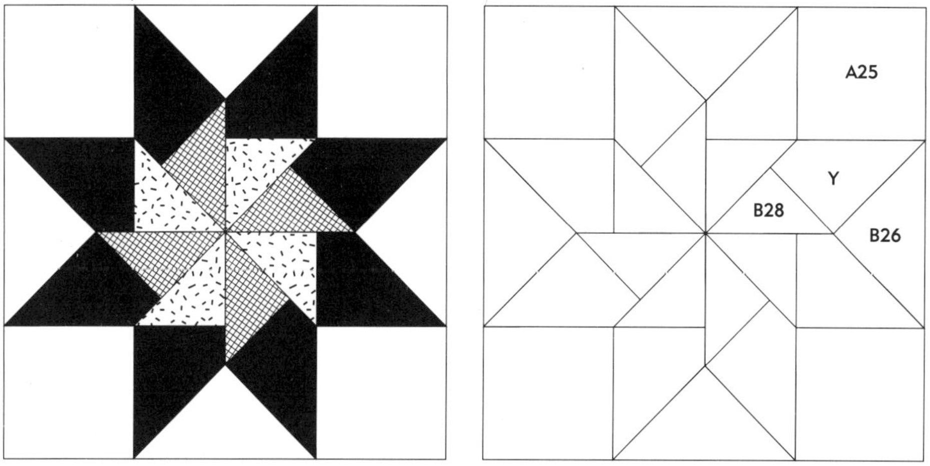

88. Writer's Block *

A25	4x
B26	4x
B28	8x
Y	8x

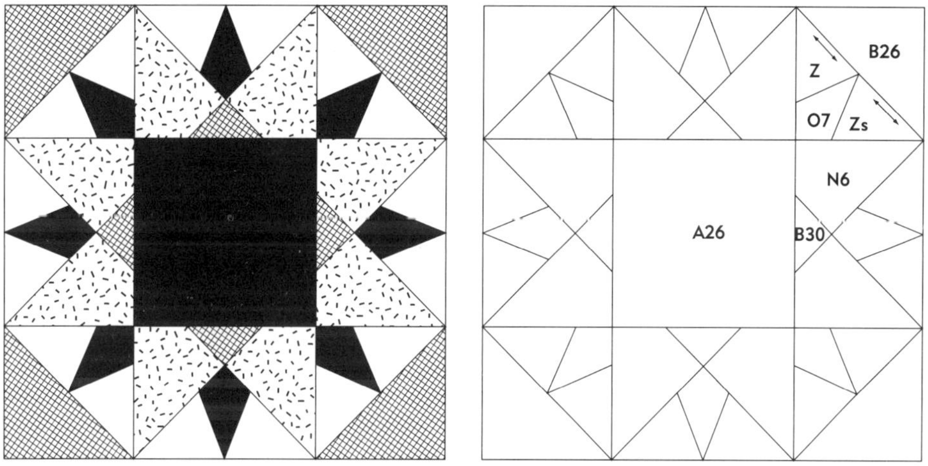

89. Early Riser **

A26	1x
B26	4x
B30	4x
N6	8x
O7	8x
Z	8x
Zs	8x

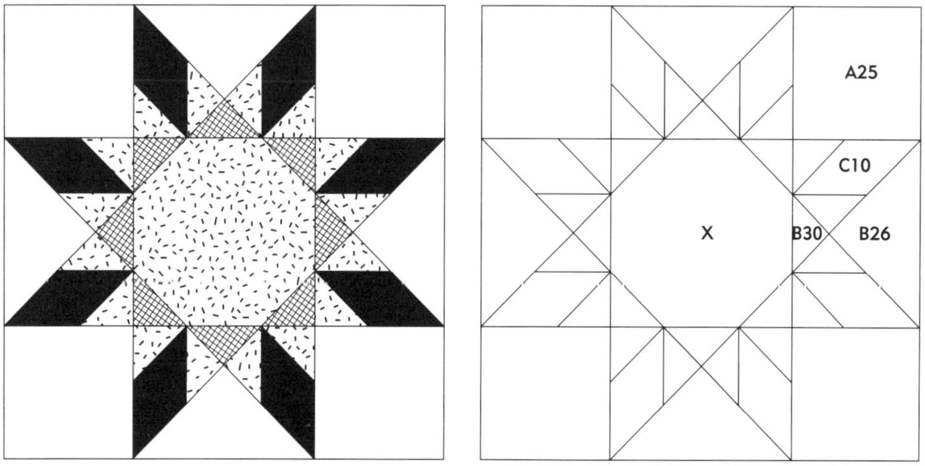

90. August Block **

A25	4x
B26	4x
B30	24x
C10	8x
X	1x

91. Dear Old Dad **

B30	32x
C10	8x
K5	8x
O7	4x
X	1x
Z	4x
Zs	4x

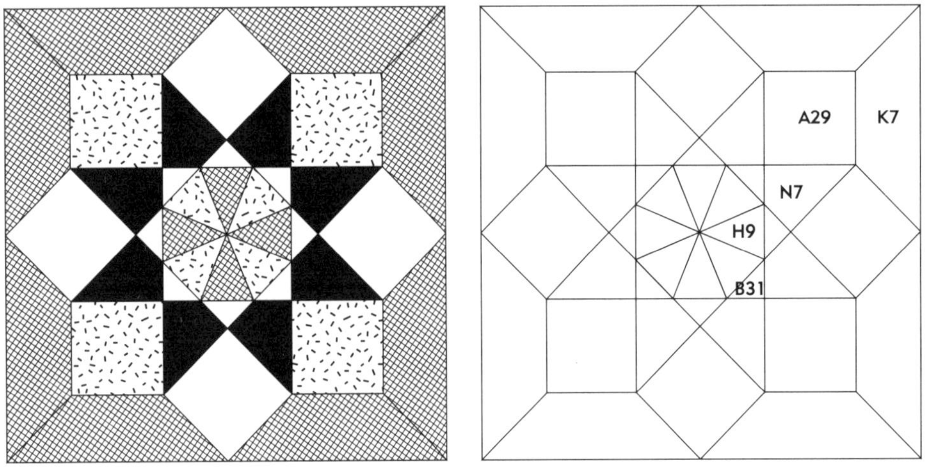

92. Fortress **

A29	8x
B31	8x
H9	8x
K7	8x
N7	8x

93. Crossed Star ***

B27	8x
B28	8x
C12	8x
C13	8x
L5	8x
L5s	8x
M5	4x
M6	4x

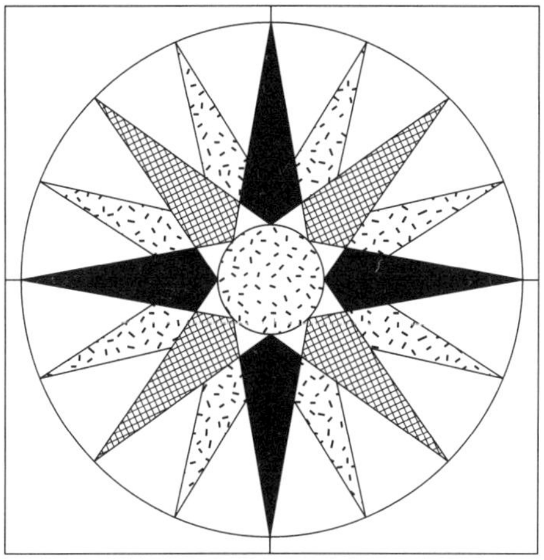

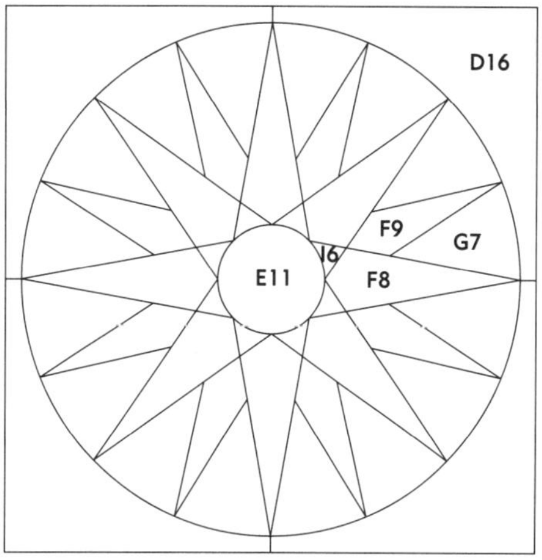

94. Mariner's Compass ***

D16	4x
E11	1x
F8	8x
F9	8x
G7	16x
I6	8x

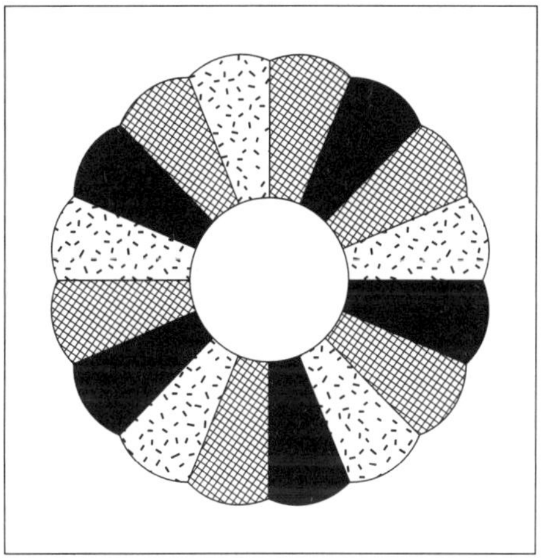

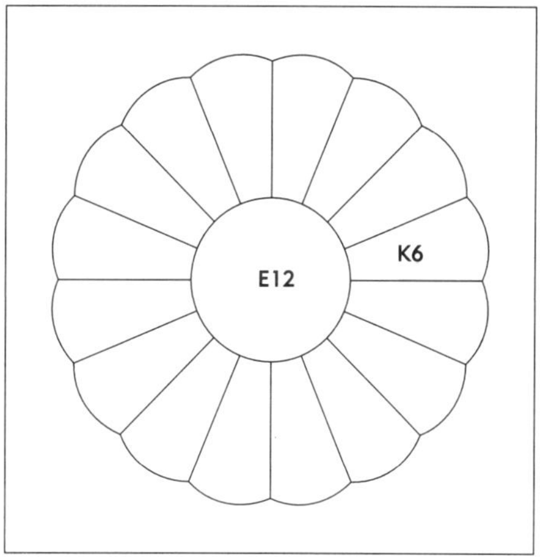

95. Dresden Plate **

ondergrondlap 31 x 31 cm

E12	1x
K6	16x

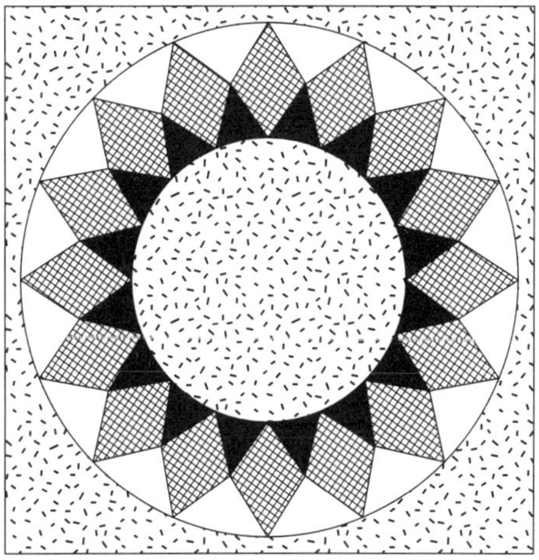

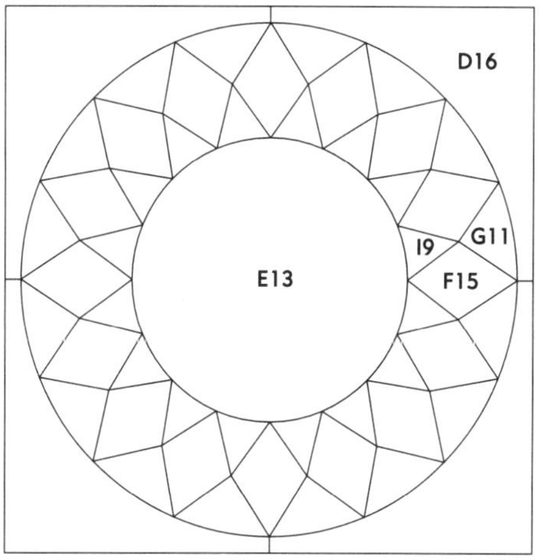

96. Sunflower ***

D16	4x
E13	1x
F15	16x
G11	16x
I9	16x

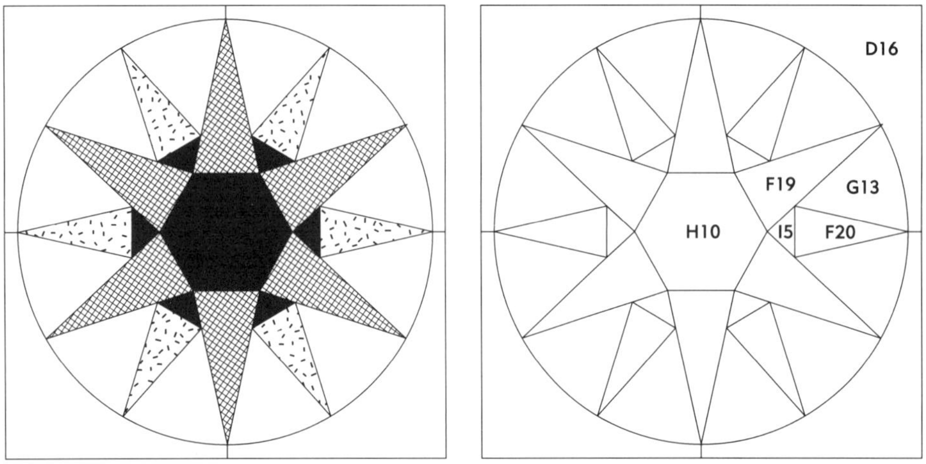

97. Hexagonal Star *

D16	4x
H10	1x
F19	6x
F20	6x
I5	6x
G13	12x

98. Single Sunflower ***

D16	4x
E14	1x
F13	16x
I7	16x
G9	16x

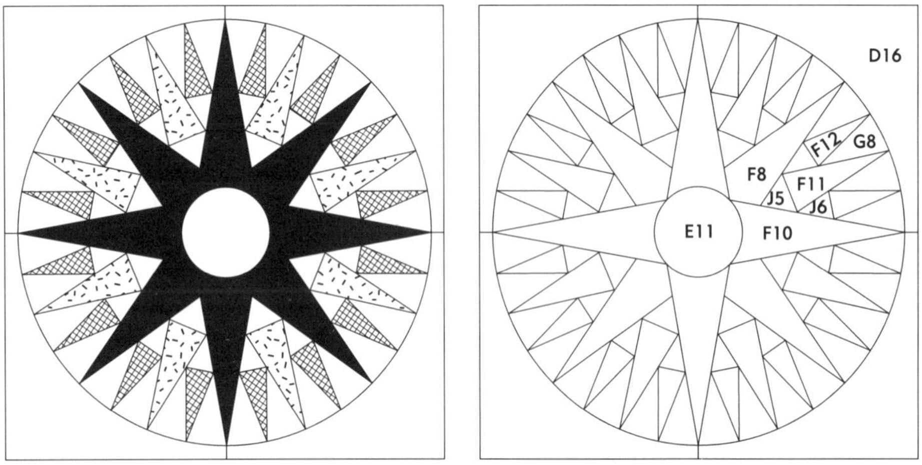

99. Sunburst ***

D16	4x
E11	1x
F8	4x
F10	4x
F11	8x
F12	16x
G8	32x
J5	8x
J6	16x

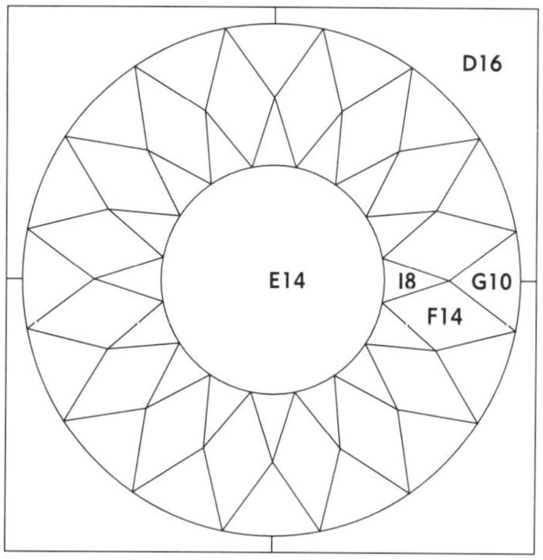

100. Oklahoma Sunburst **

D16	4x
E14	1x
F14	16x
G10	16x
I8	16x

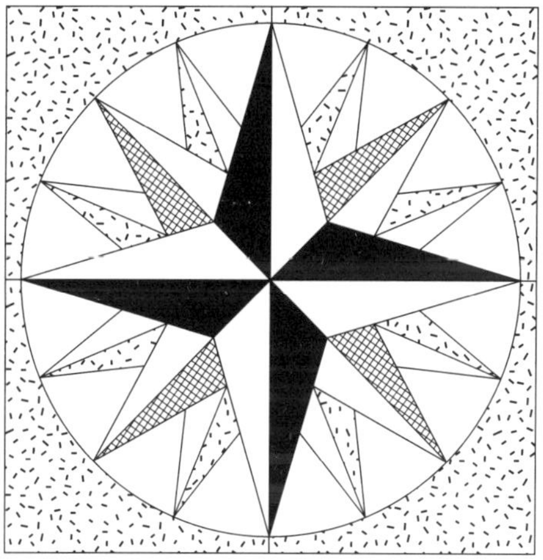

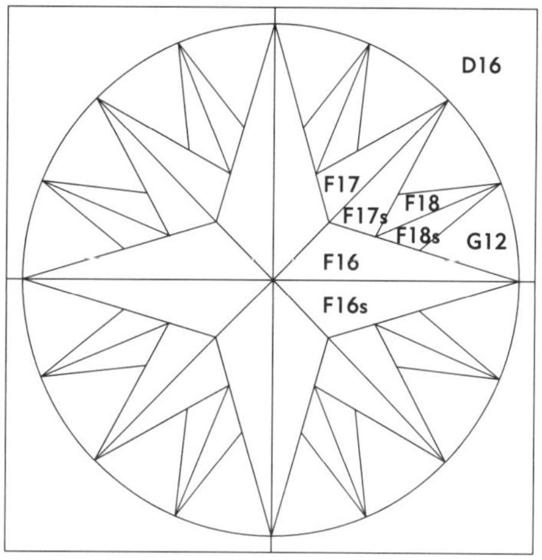

101. Split **

D16	4x
F16	4x
F16s	4x
F17	4x
F17s	4x
F18	8x
F18s	8x
G12	16x

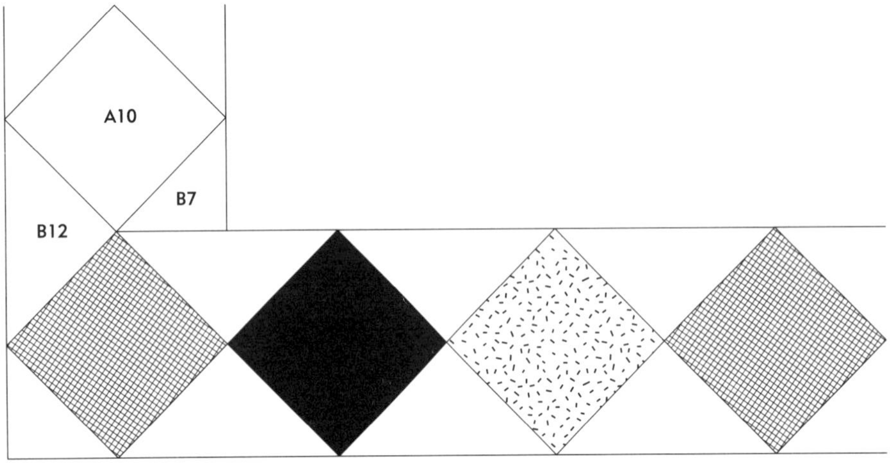

Rand 1

A10
B7
B12
(Zie Nine patch-patronen)

Rand 2

A8
A10
B7
B8
(Zie Nine patch-patronen)

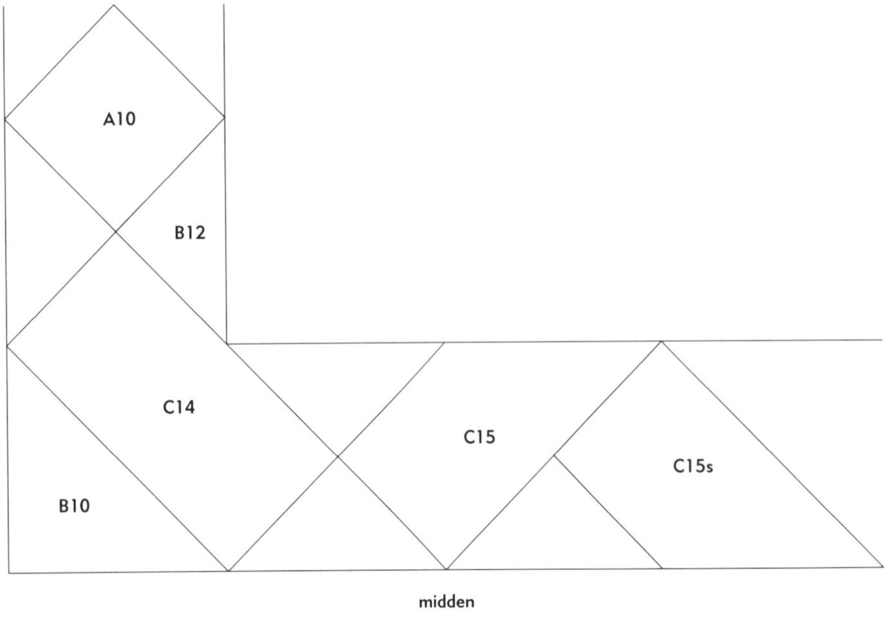

Rand 3

B10
B12
(Zie Nine patch-patronen)
C14
C15
C15s

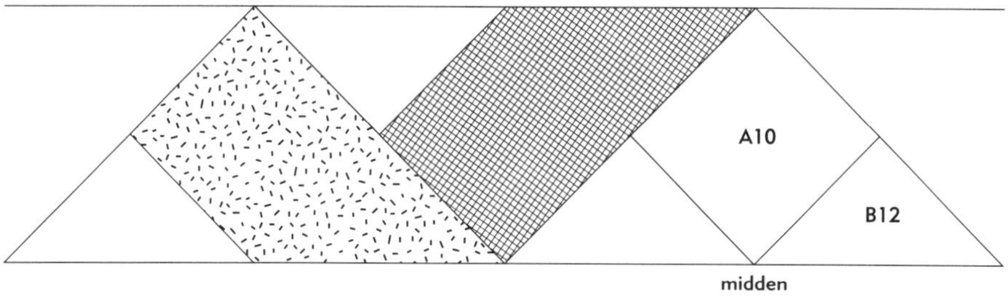

Rand 3 (vervolg)

A10
B12
(Zie Nine patch-patronen)

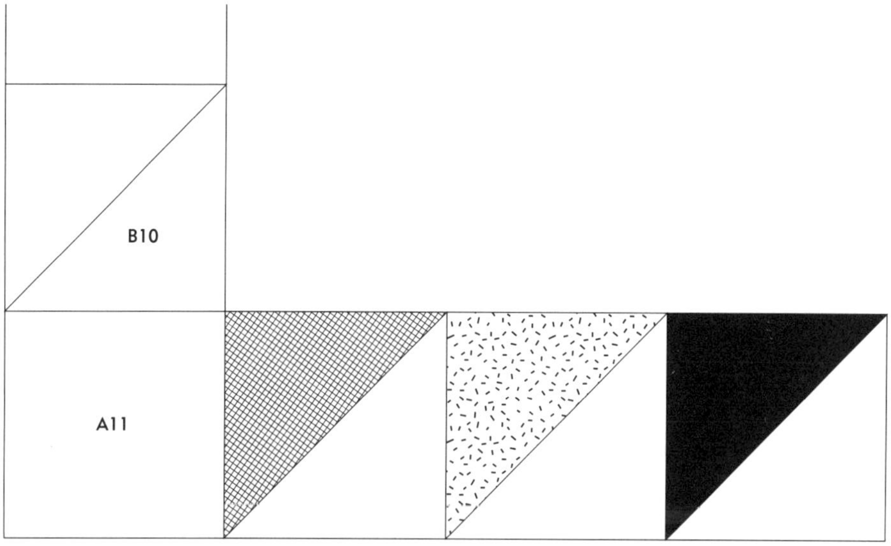

Rand 4

A11
B10
(Zie Nine patch-patronen)

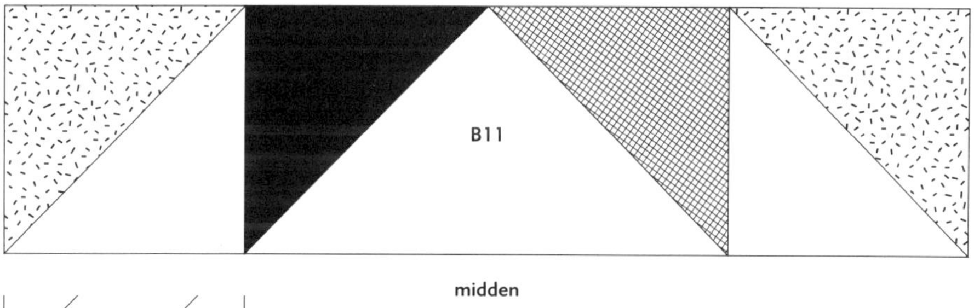

Rand 4 (vervolg)

B11
(Zie Nine patch-patronen)

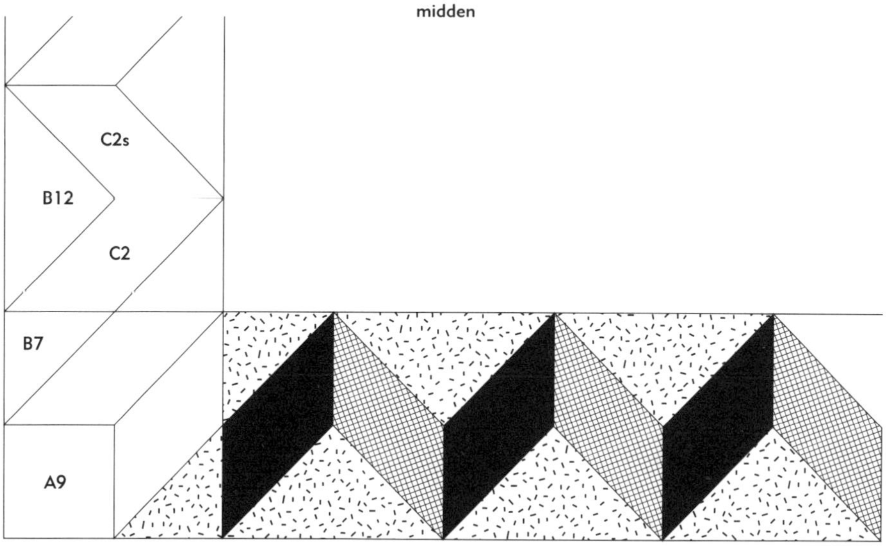

Rand 5

A9
B7
B12
C2
C2s
(Zie Nine patch-patronen)

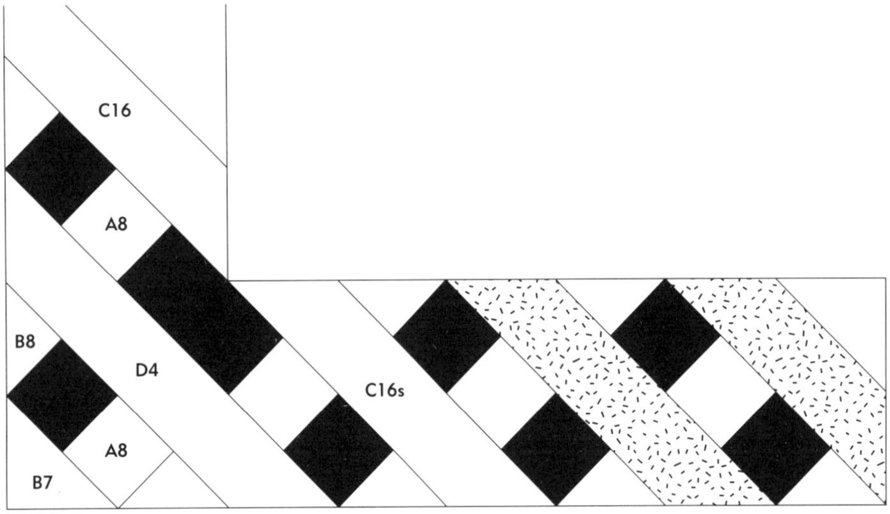

Rand 6

A8
B7
B8
D4
(Zie Nine patch-patronen)
C16
C16s

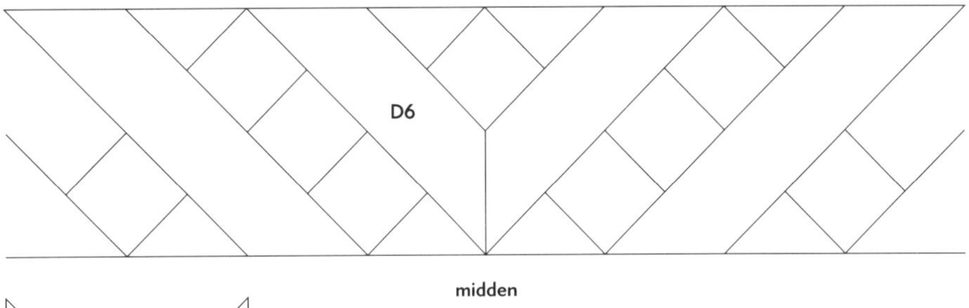

Rand 6 (vervolg)

D6
(Zie Nine patch-patronen)

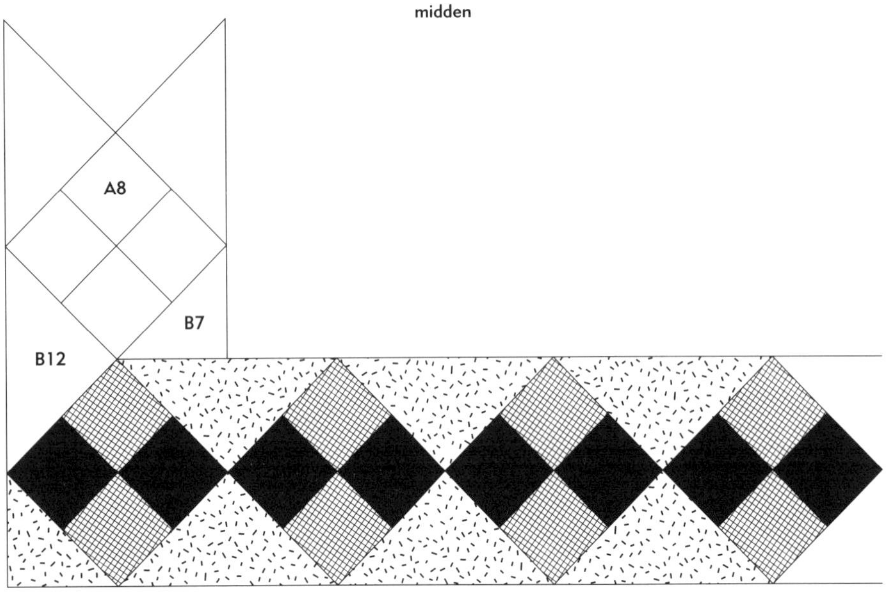

Rand 7

A8
B7
B12
(Zie Nine patch-patronen)

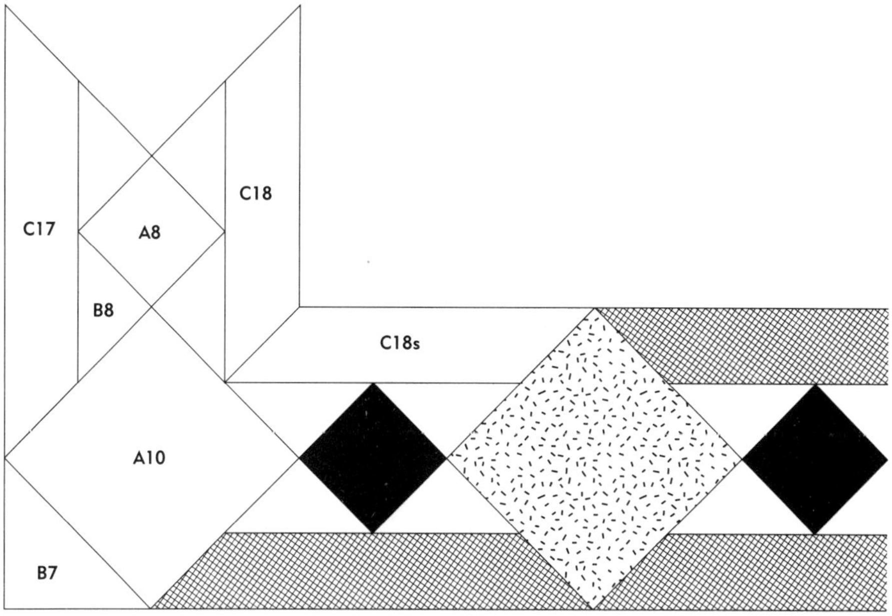

Rand 8

A8
A10
B7
B8
(Zie Nine patch-patronen)
C17
C18
C18s

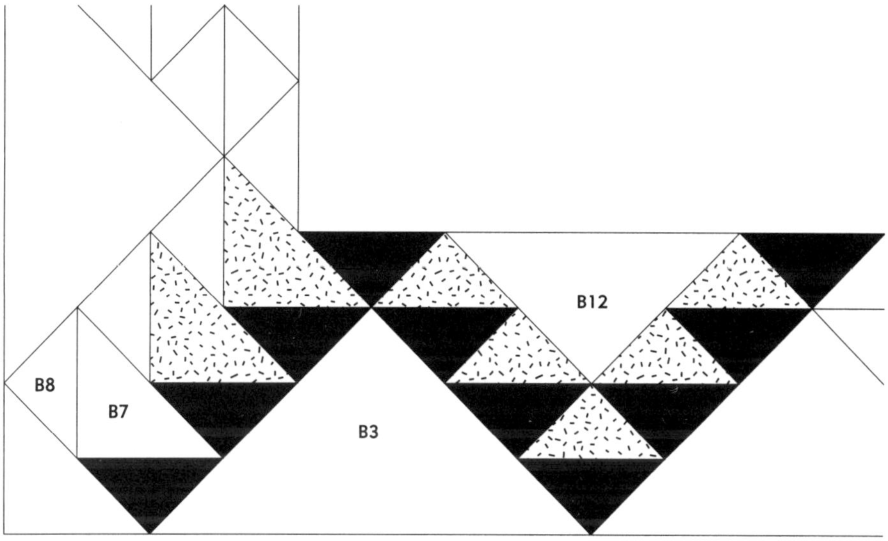

Rand 9

B7
B8
B12
(Zie Nine patch-patronen)
B3
(Zie Four patch-patronen)

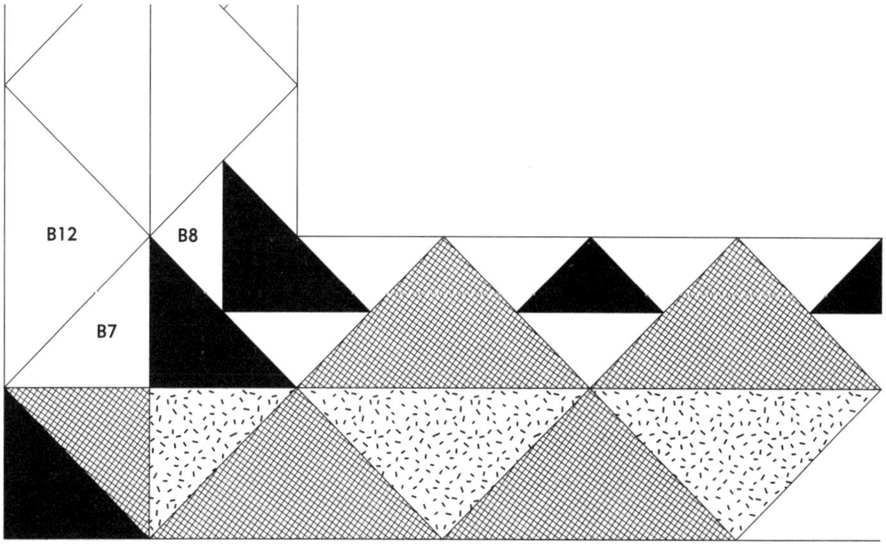

Rand 10

B7
B8
B12
(Zie Nine patch-patronen)

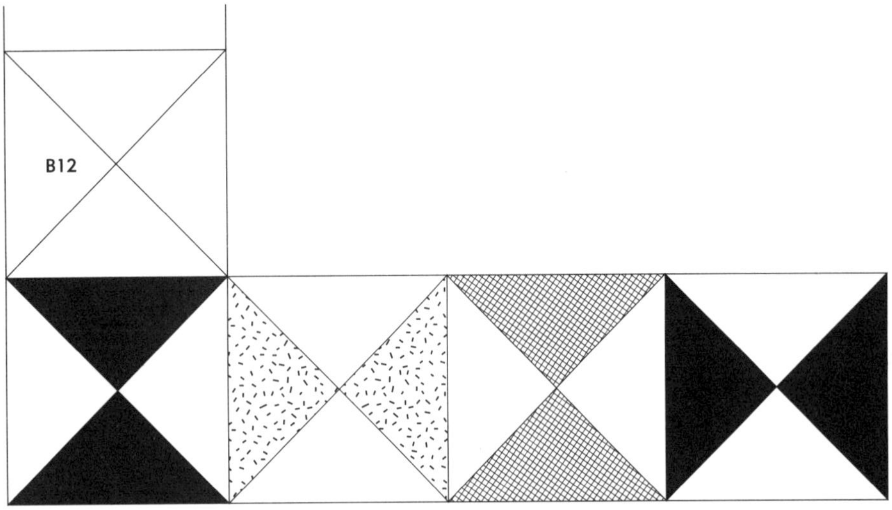

Rand 11

B12
(Zie Nine patch-patronen)

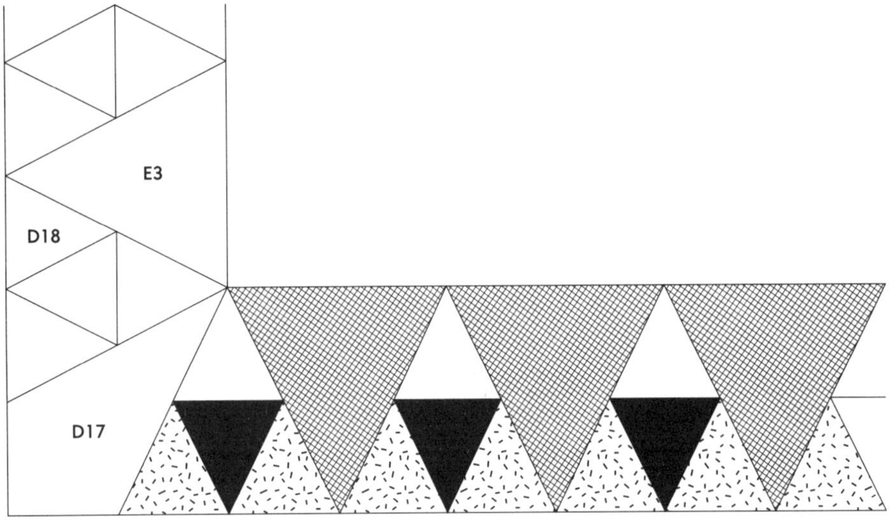

Rand 12

E3
(Zie Nine patch-patronen)
D17
D18

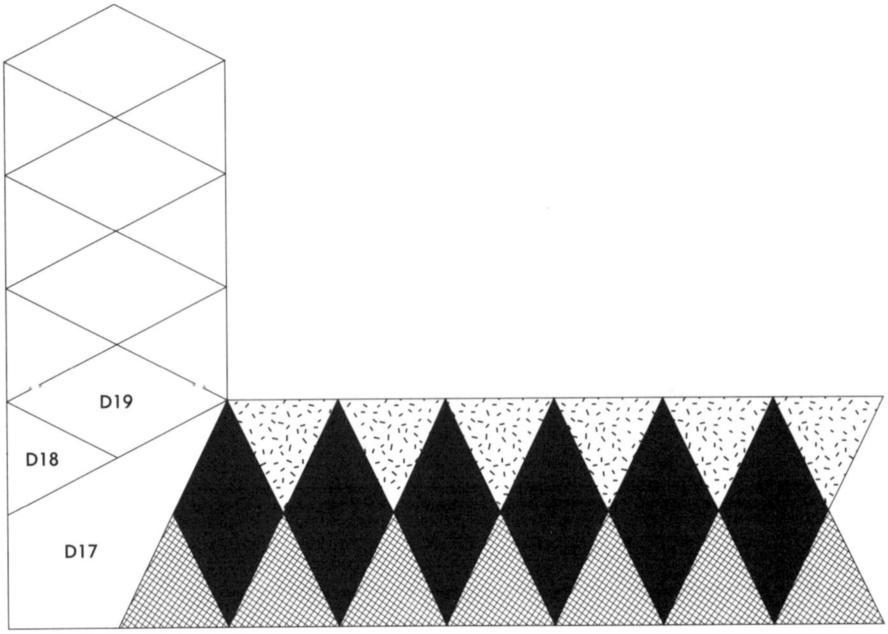

Rand 13

D17
D18
D19

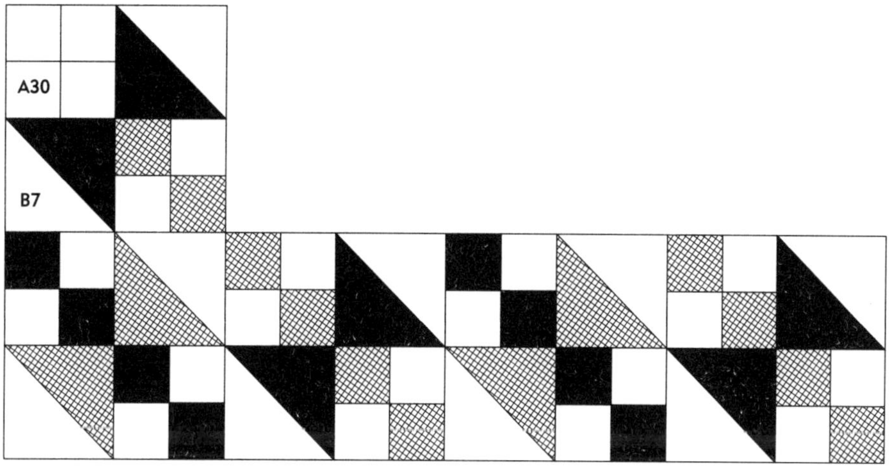

Rand 14

B7
(Zie Nine patch-patronen)
A30

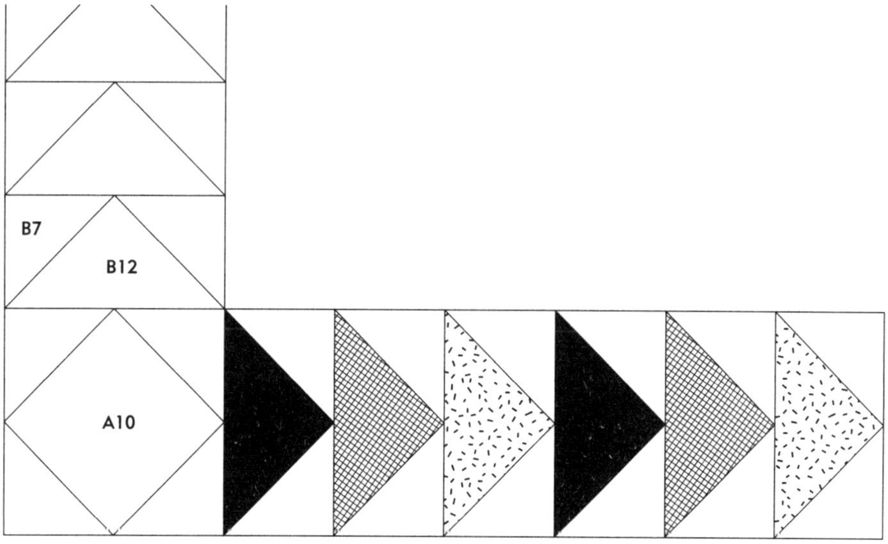

Rand 15

A10
B7
B12
(Zie Nine patch-patronen)

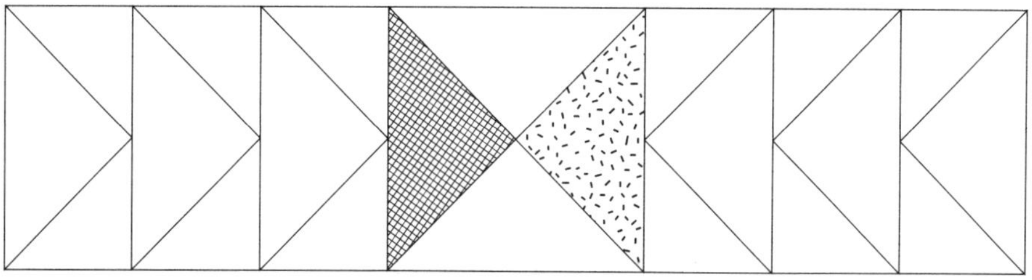

Rand 15 (vervolg)

Patroondelen four patch

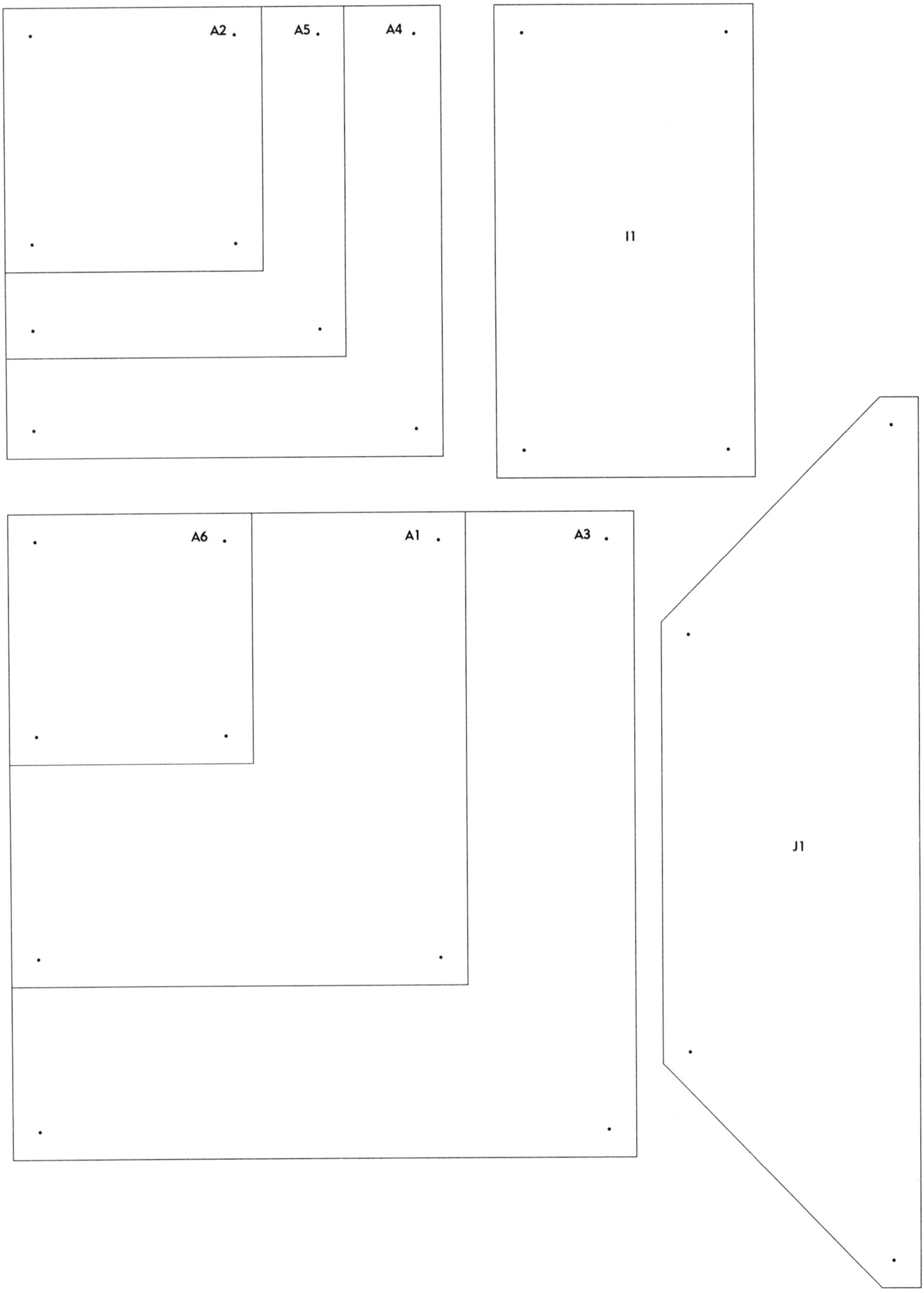
A2
A5
A4
I1
A6
A1
A3
J1

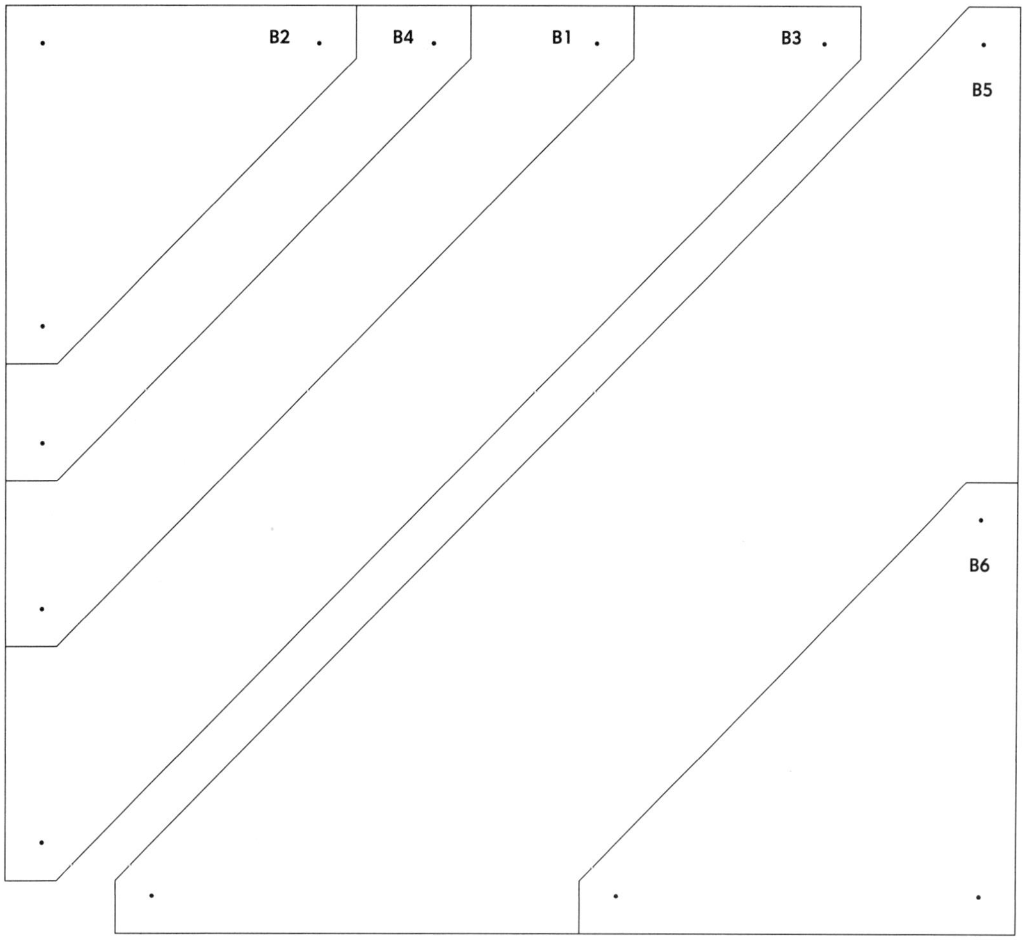
B2
B4
B1
B3
B5
B6

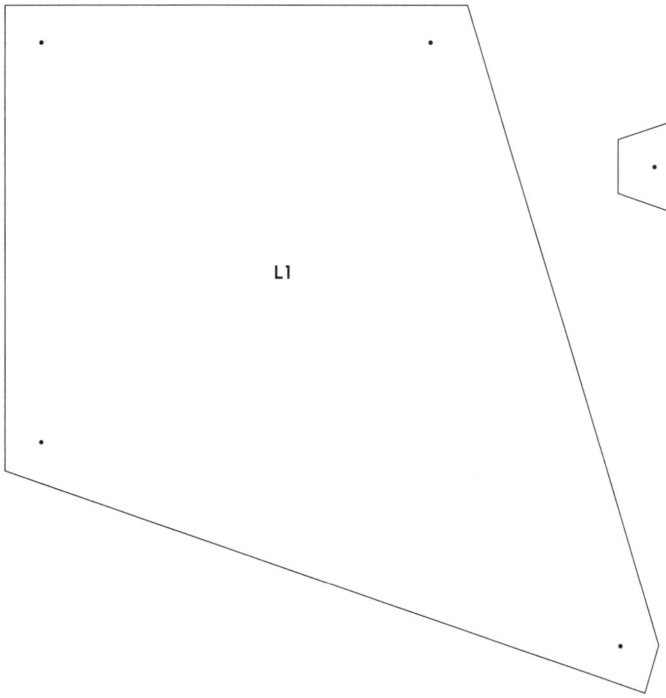
L1

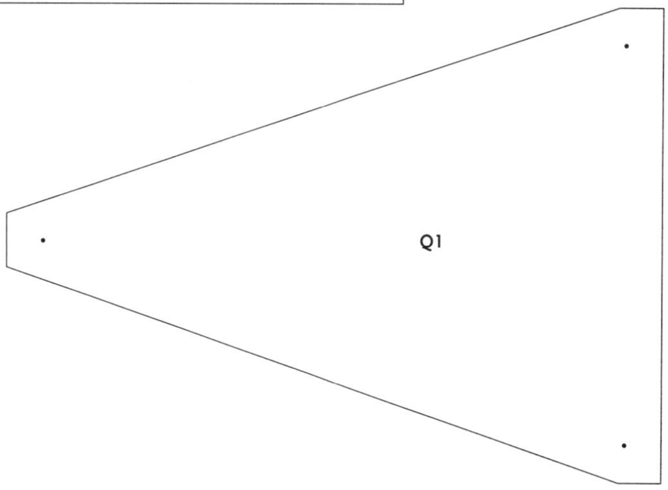
Q1

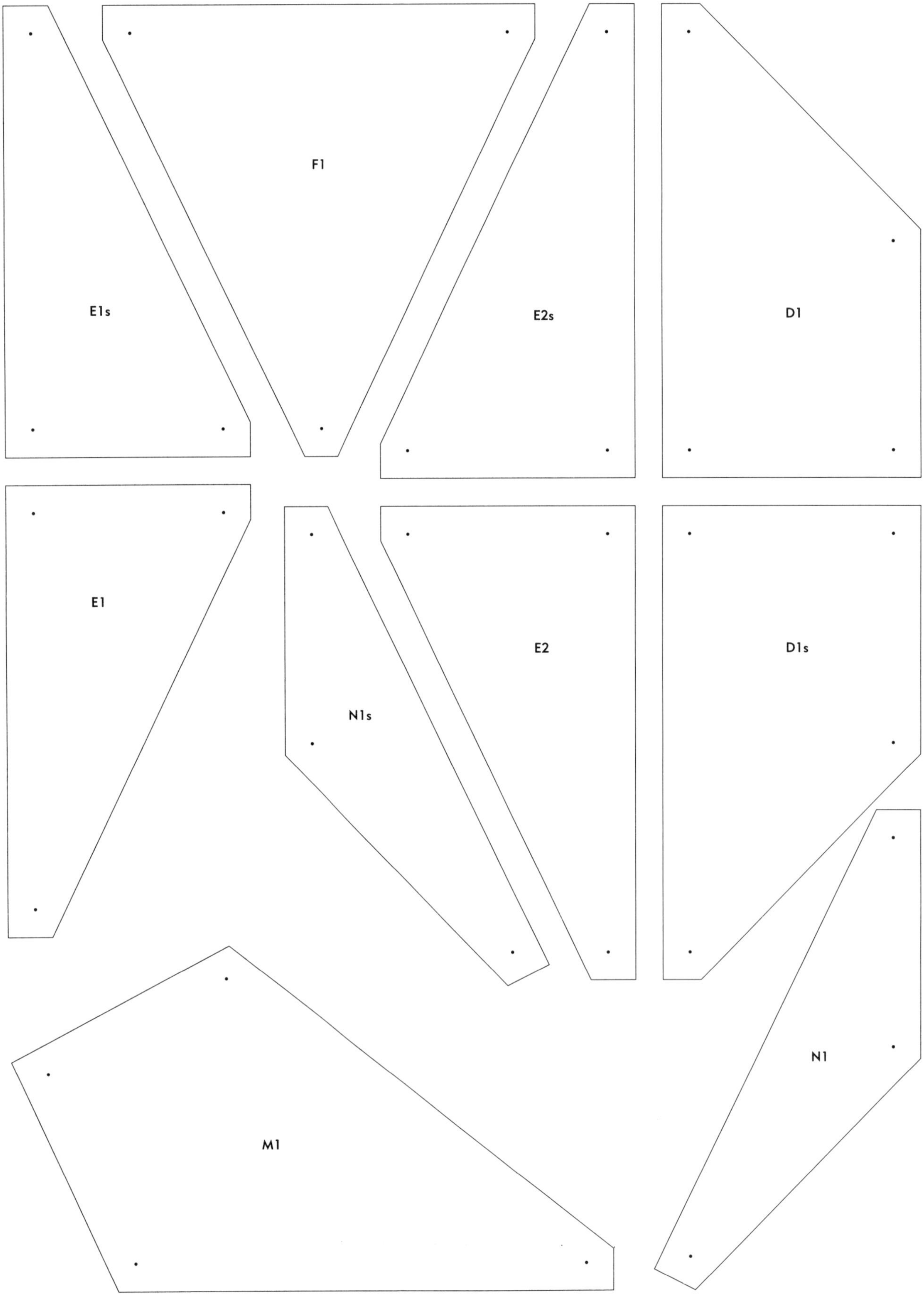
F1
E1s
E2s
D1
E1
N1s
E2
D1s
N1
M1

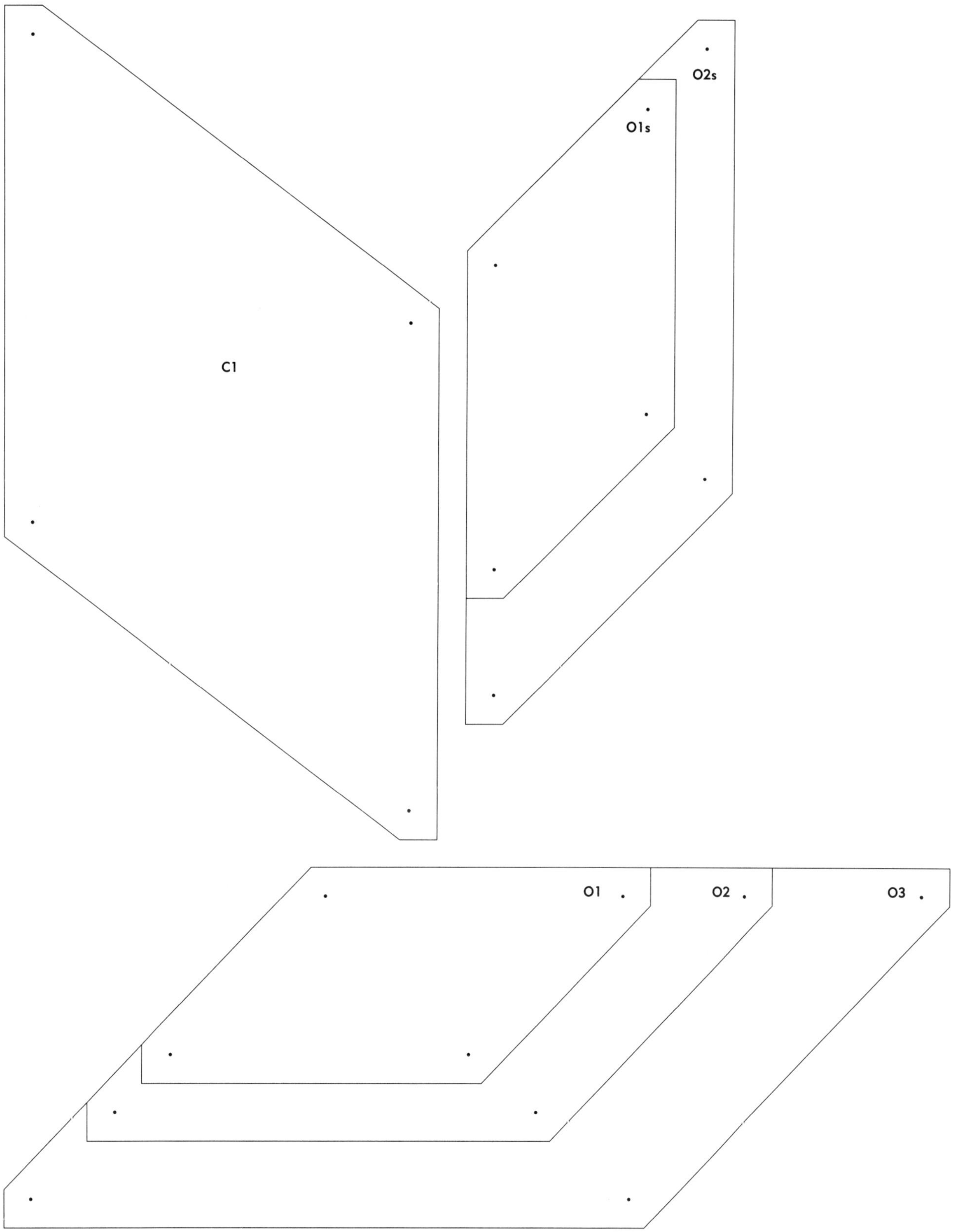
C1
O2s
O1s
O1
O2
O3

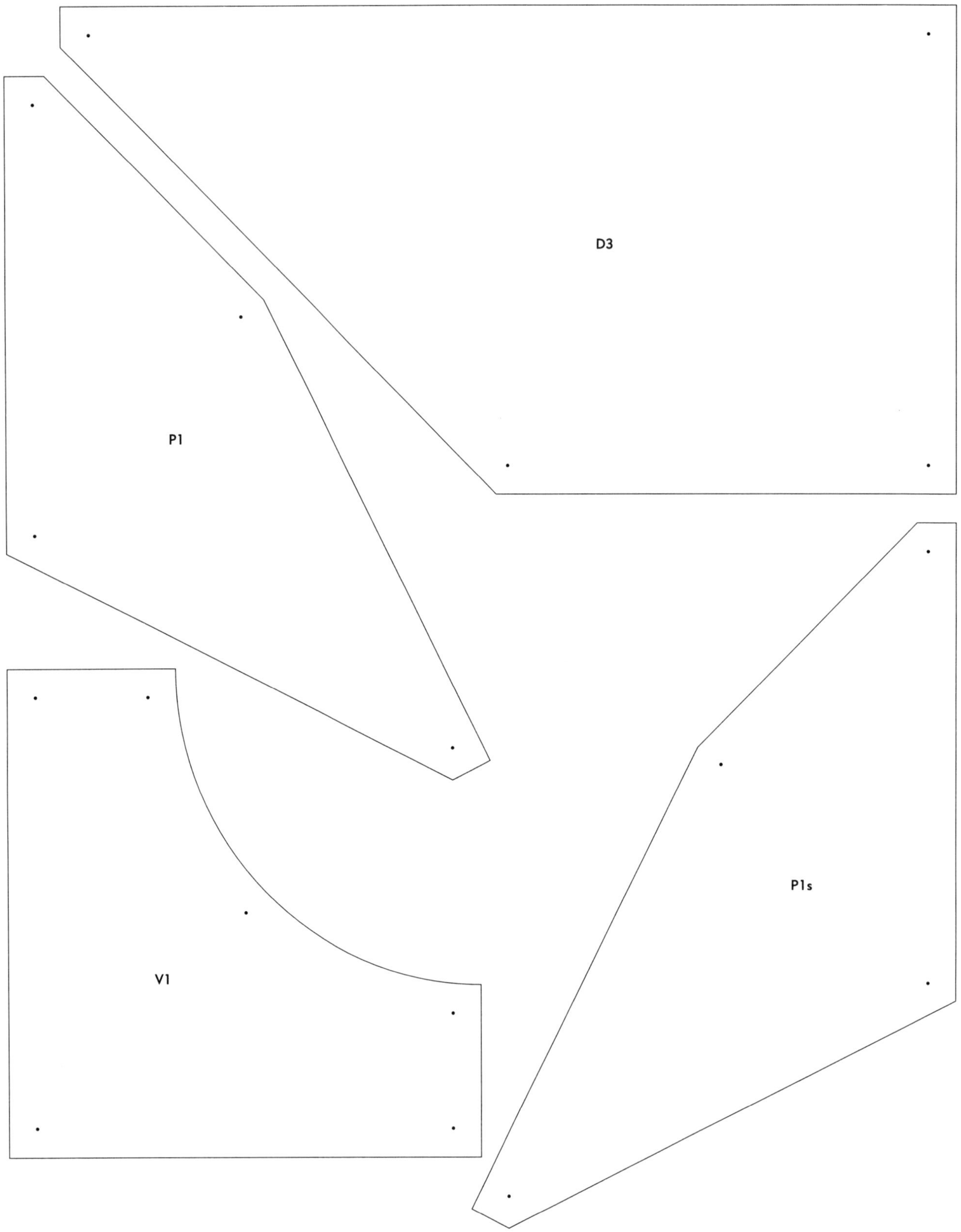
D3
P1
V1
P1s

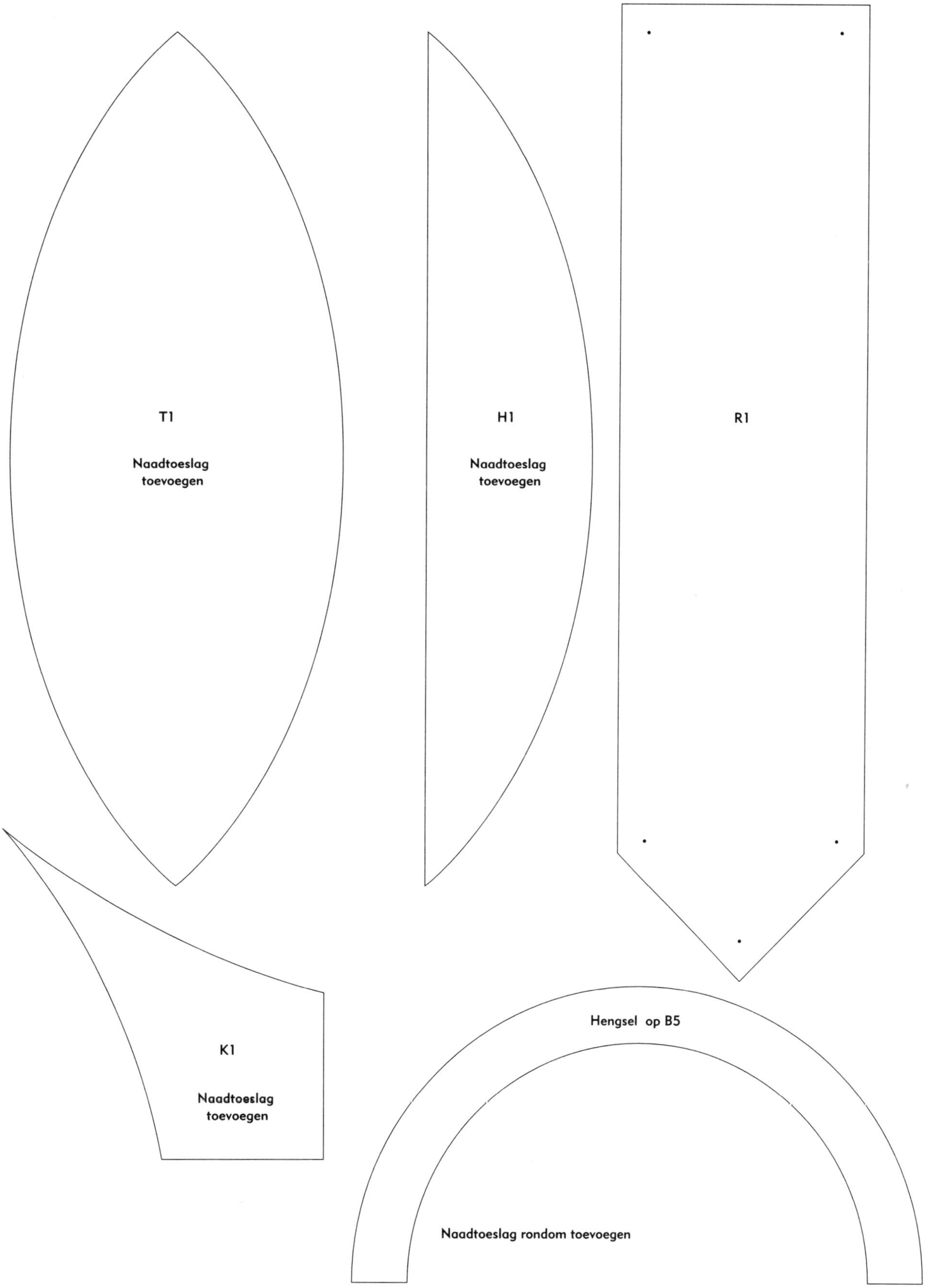
T1
Naadtoeslag toevoegen
H1
Naadtoeslag toevoegen
R1
K1
Naadtoeslag toevoegen
Hengsel op B5
Naadtoeslag rondom toevoegen

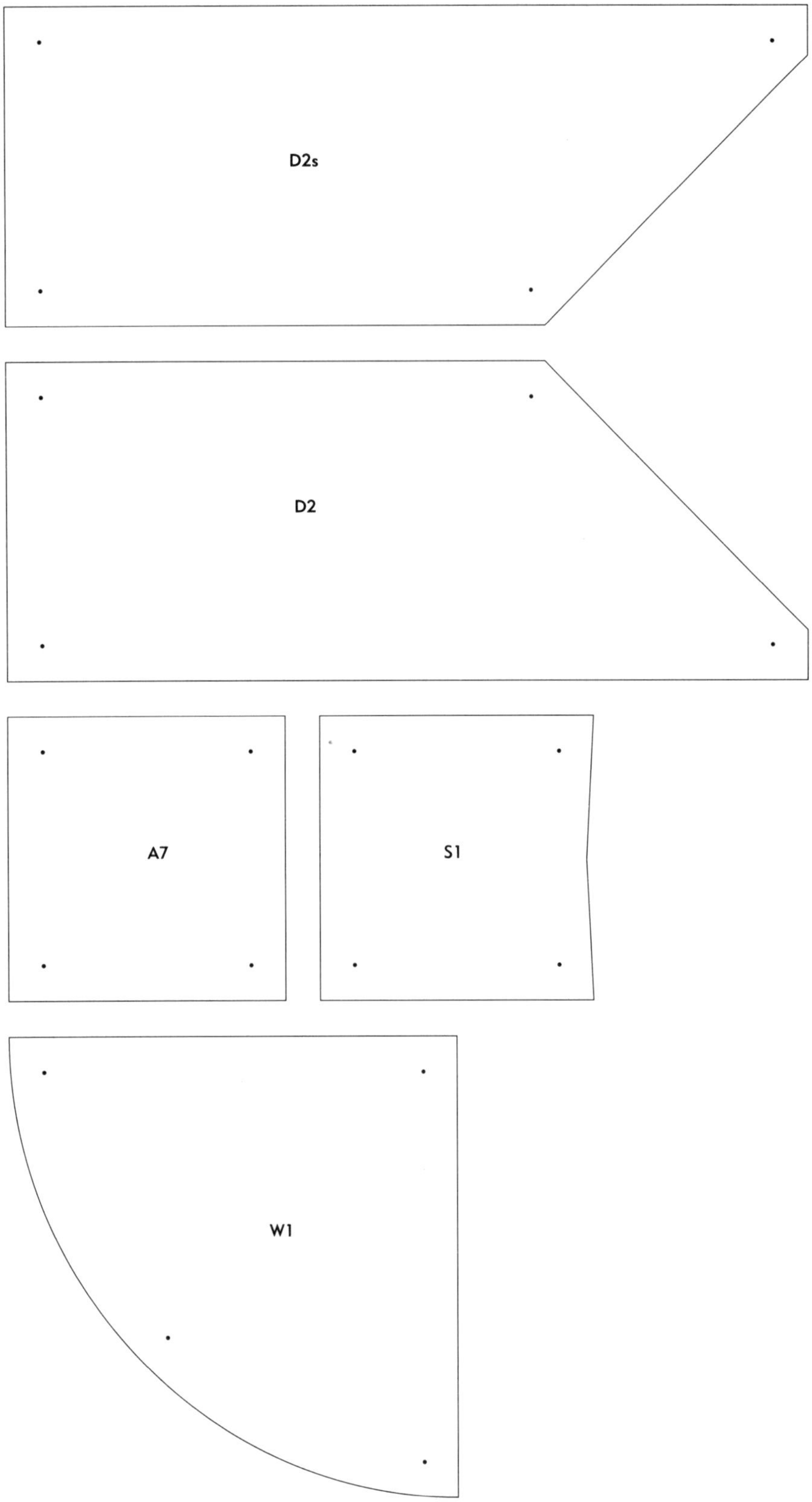
D2s
D2
A7
S1
W1

Patroondelen nine patch

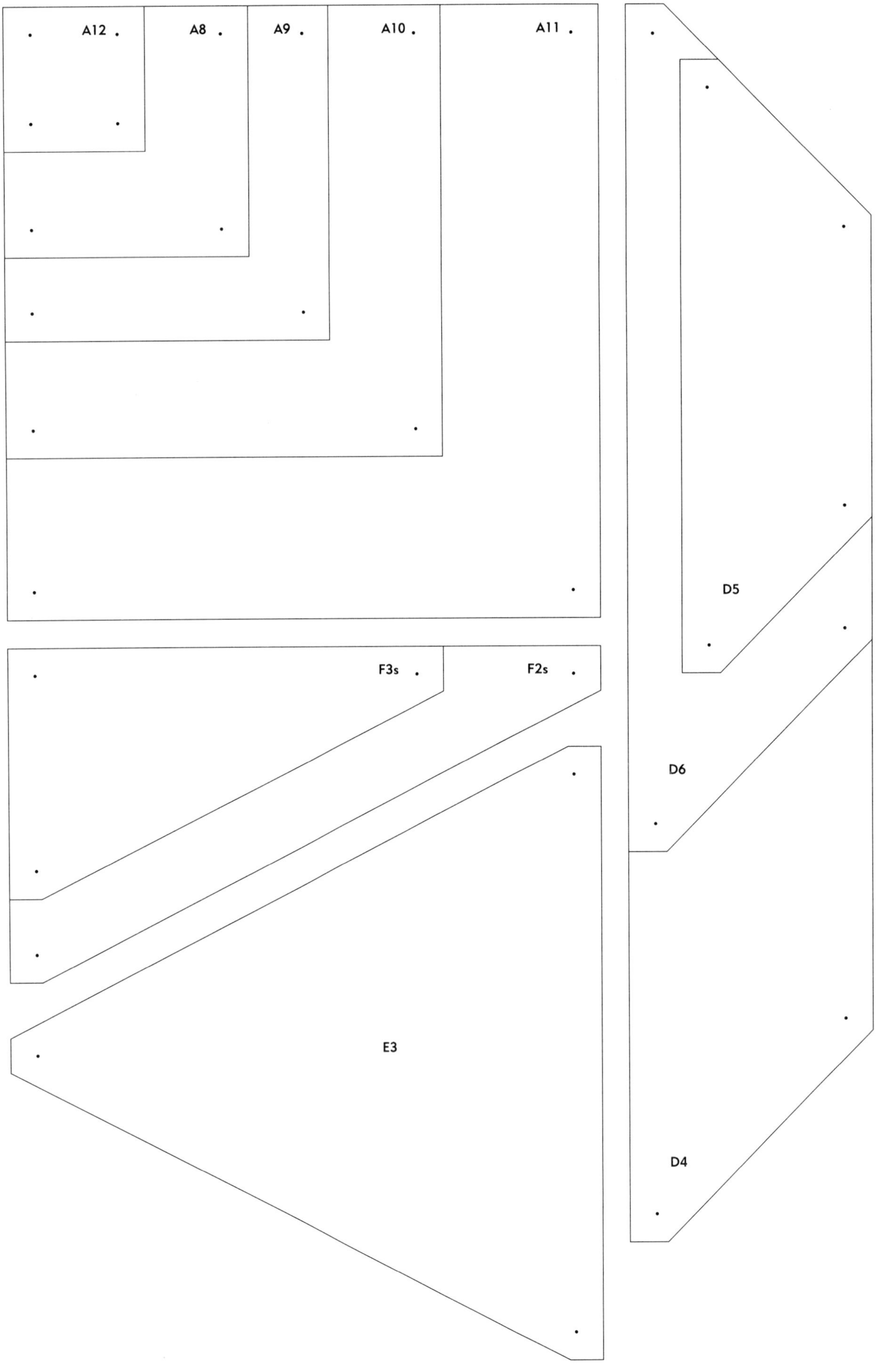
A12
A8
A9
A10
A11
F3s
F2s
E3
D5
D6
D4

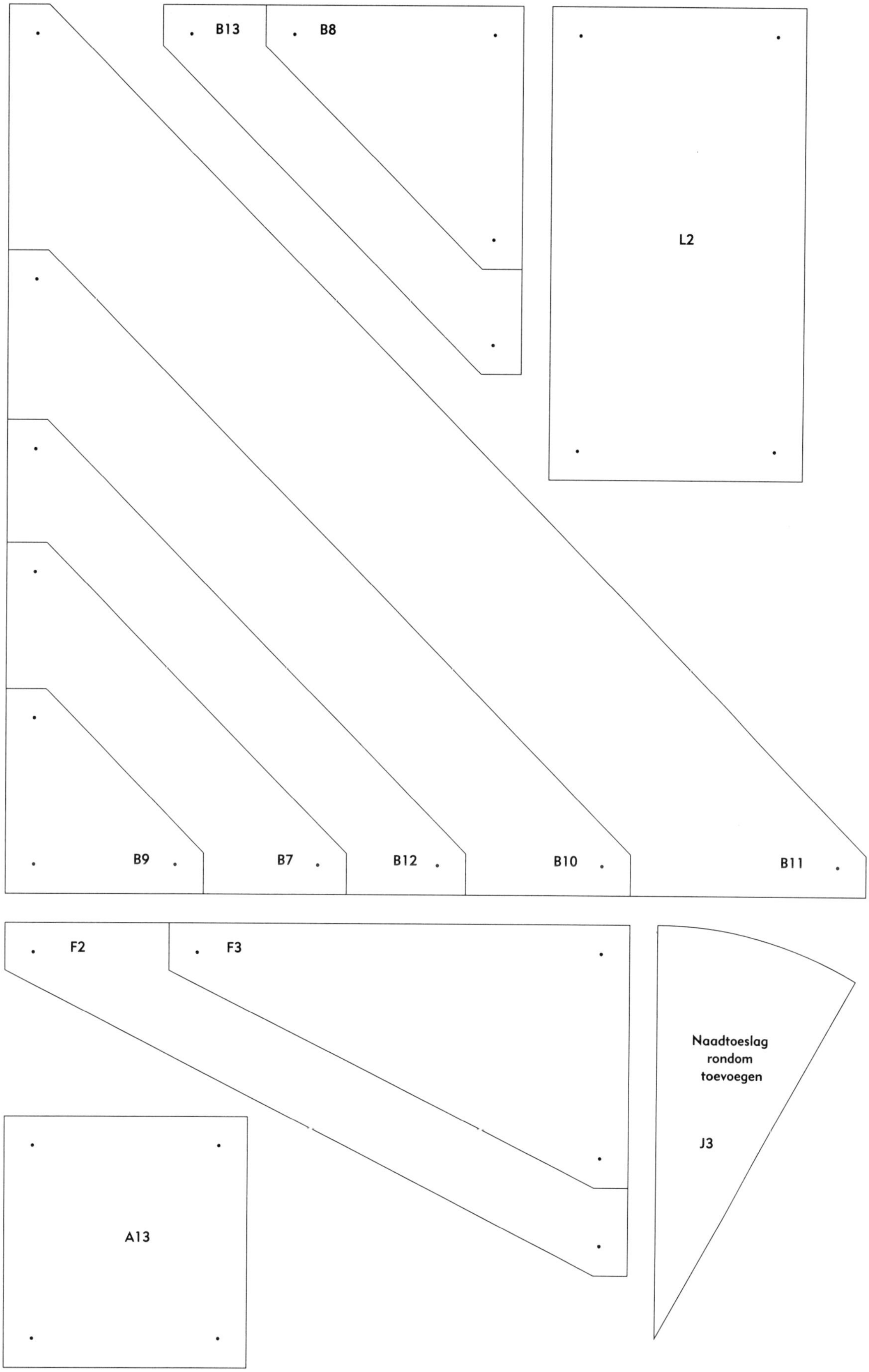
B13
B8
L2
B9
B7
B12
B10
B11
F2
F3
Naadtoeslag
rondom
toevoegen
J3
A13

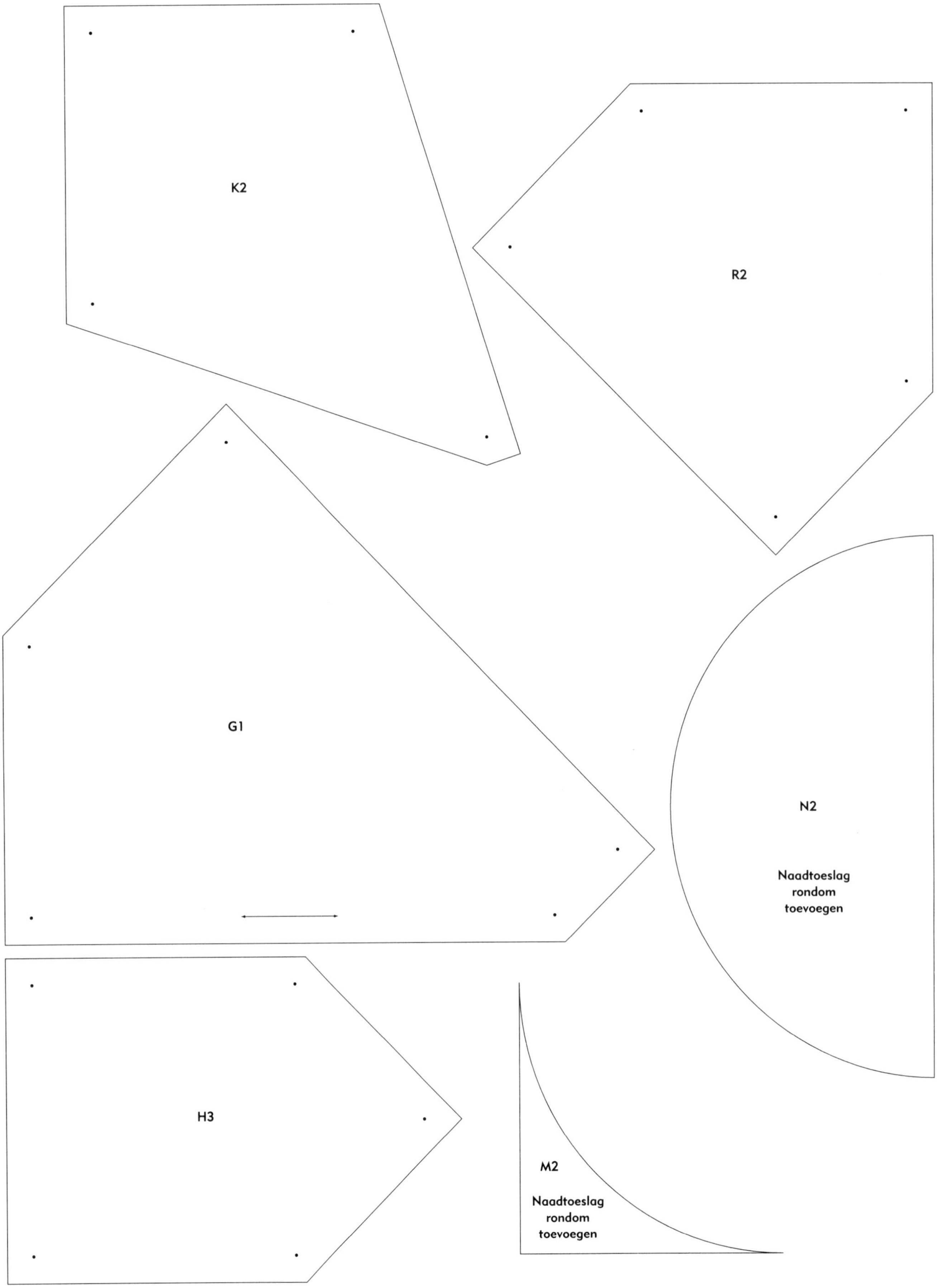
K2
R2
G1
N2
Naadtoeslag rondom toevoegen
H3
M2
Naadtoeslag rondom toevoegen

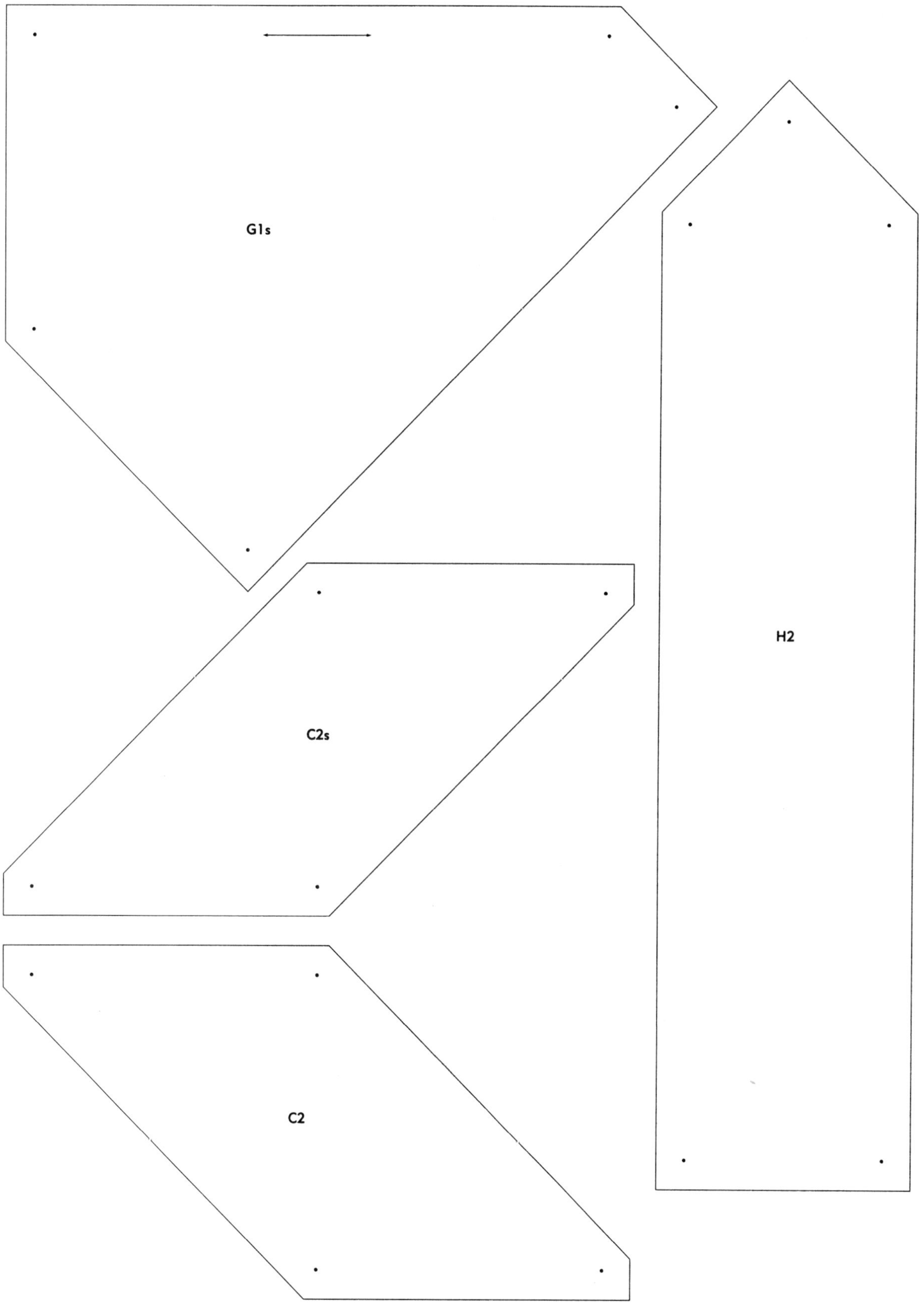
G1s
H2
C2s
C2

Naadtoeslag rondom toevoegen
I2
S2s
P2
O4
S2

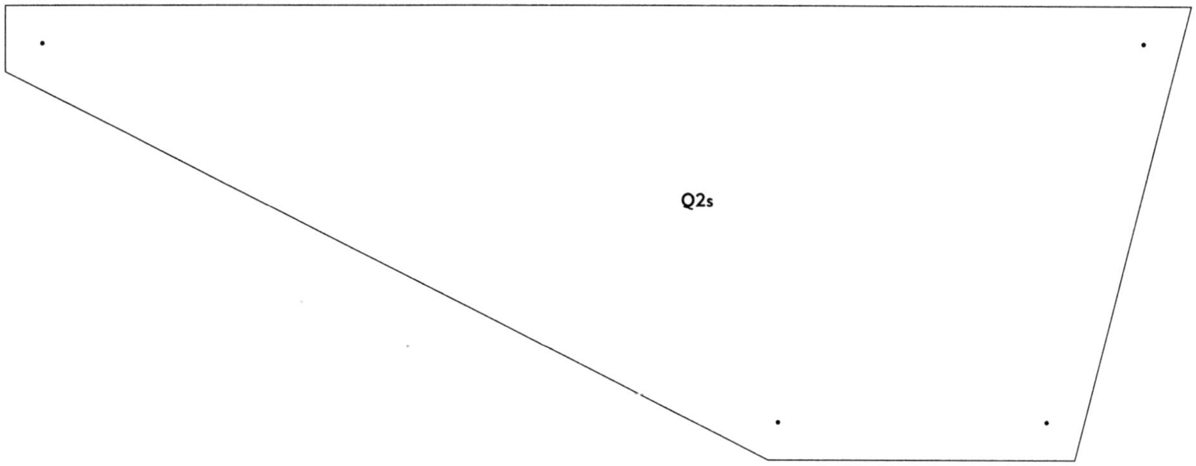
Q2s

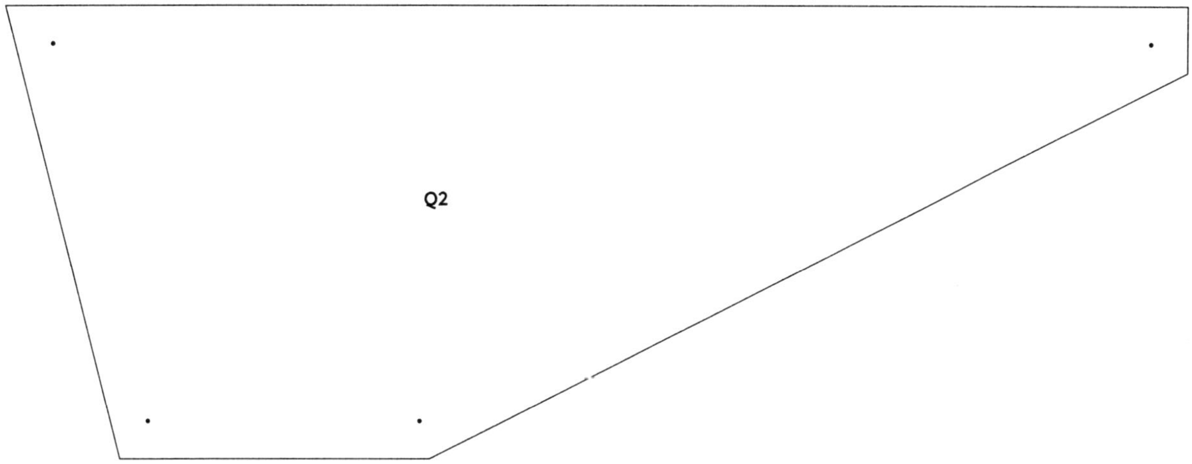
Q2

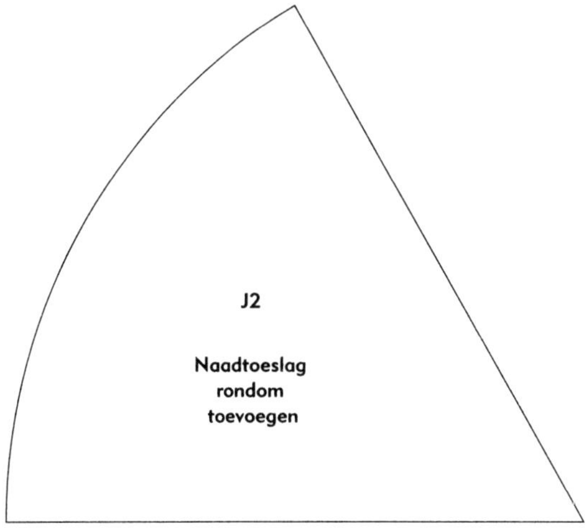
J2
Naadtoeslag
rondom
toevoegen

Patroondelen five patch

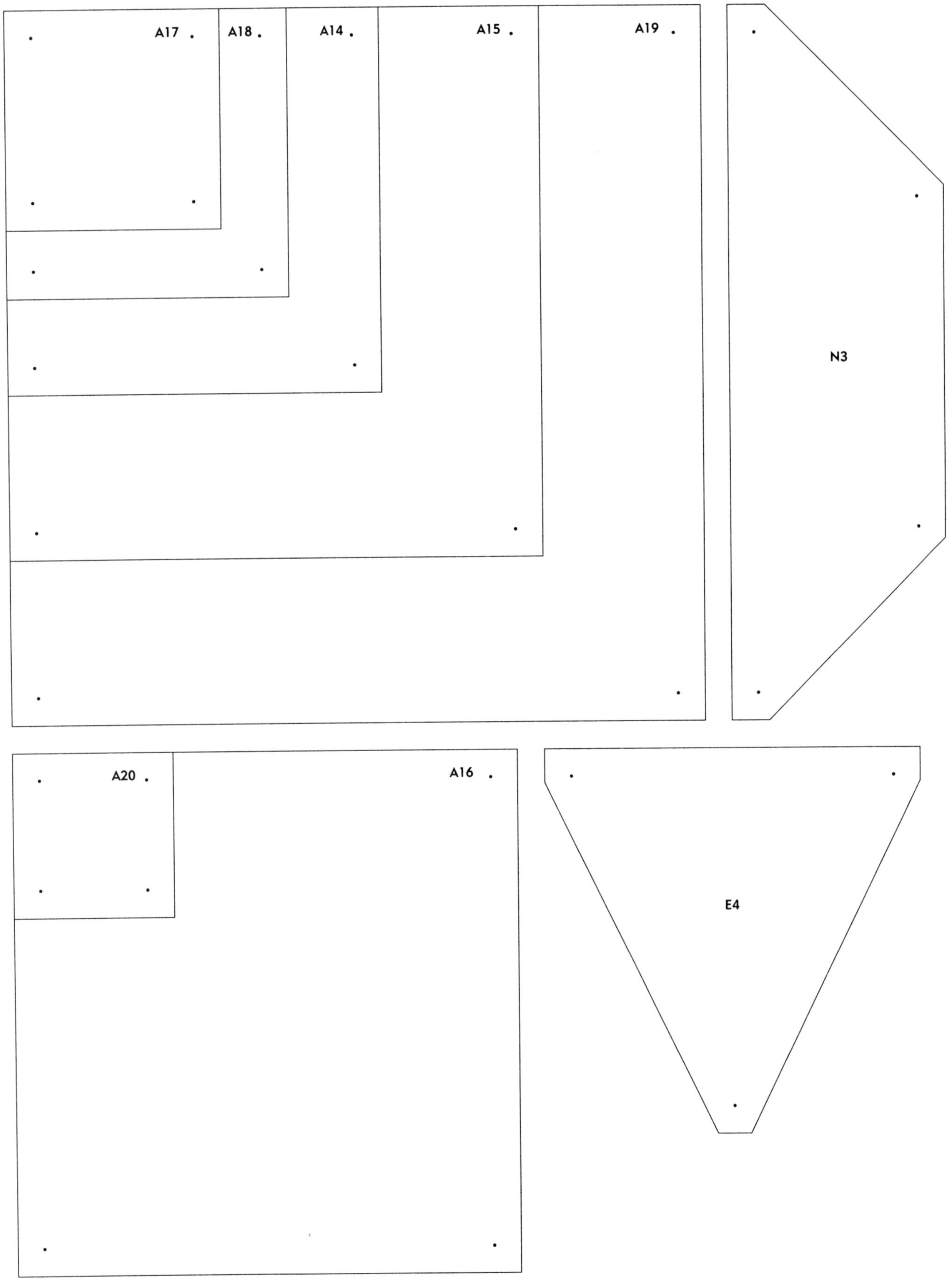
A17
A18
A14
A15
A19
N3
A20
A16
E4

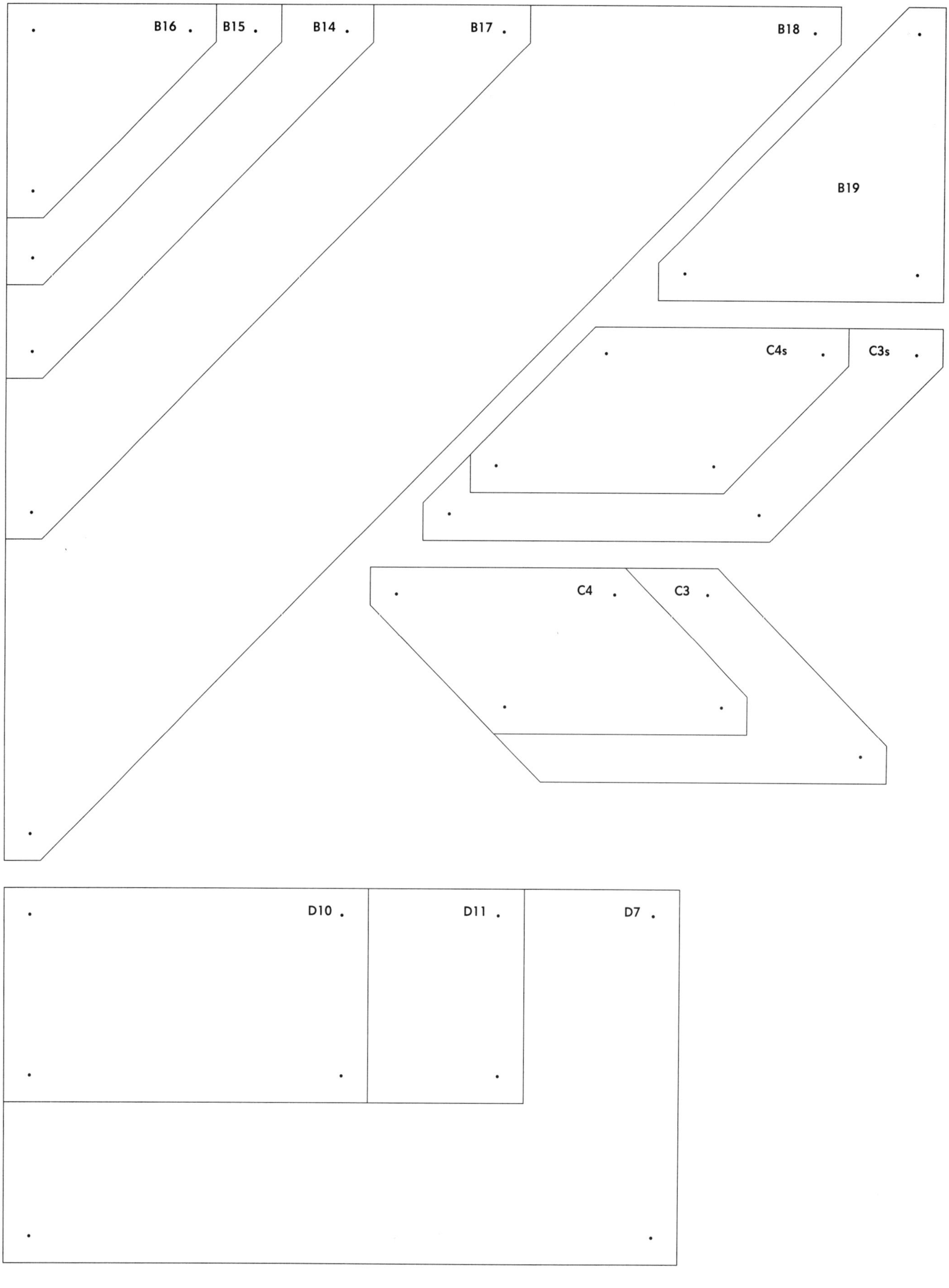
B16
B15
B14
B17
B18
B19
C4s
C3s
C4
C3
D10
D11
D7

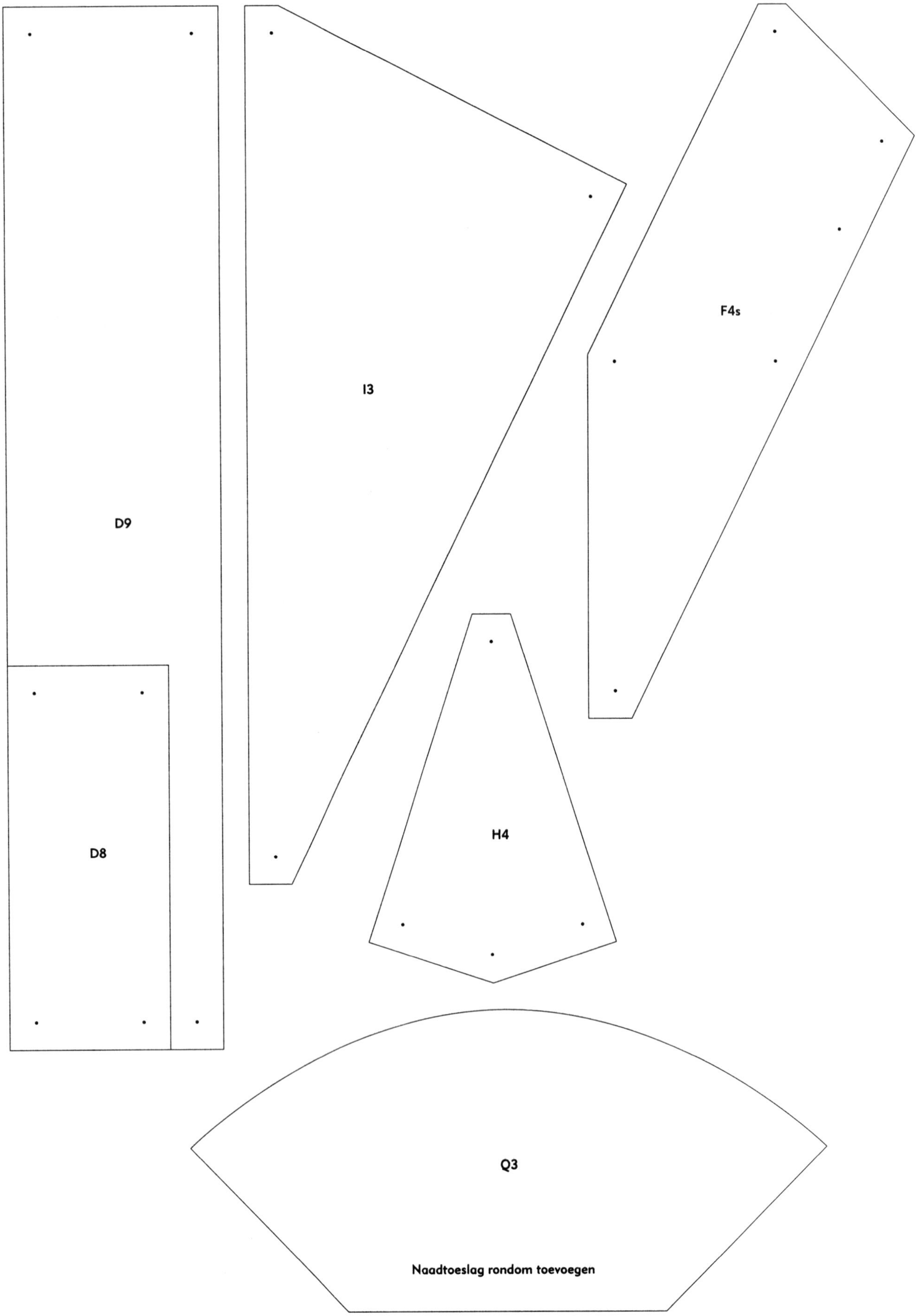
D9
I3
F4s
D8
H4
Q3
Naadtoeslag rondom toevoegen

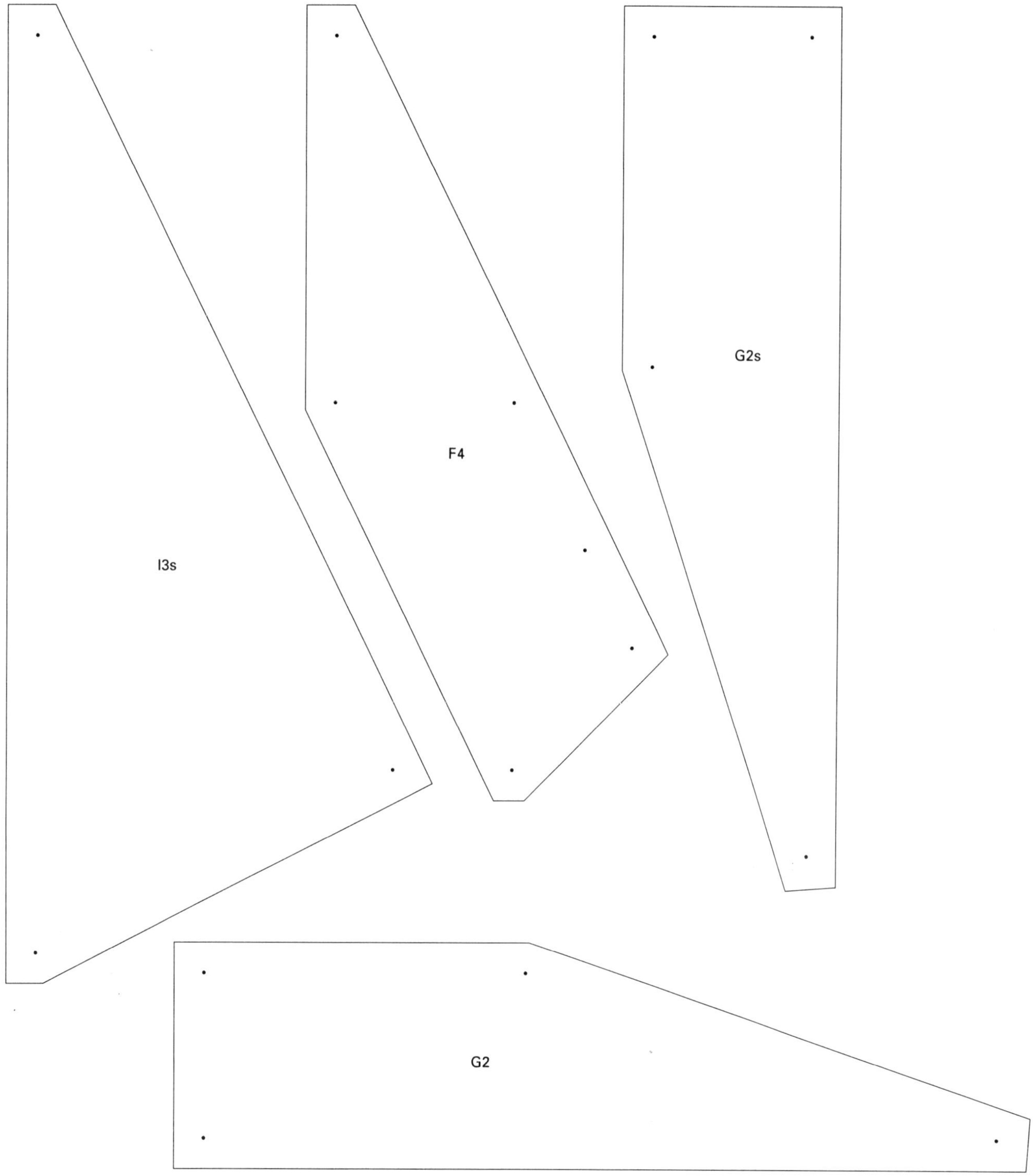
I3s
F4
G2s
G2

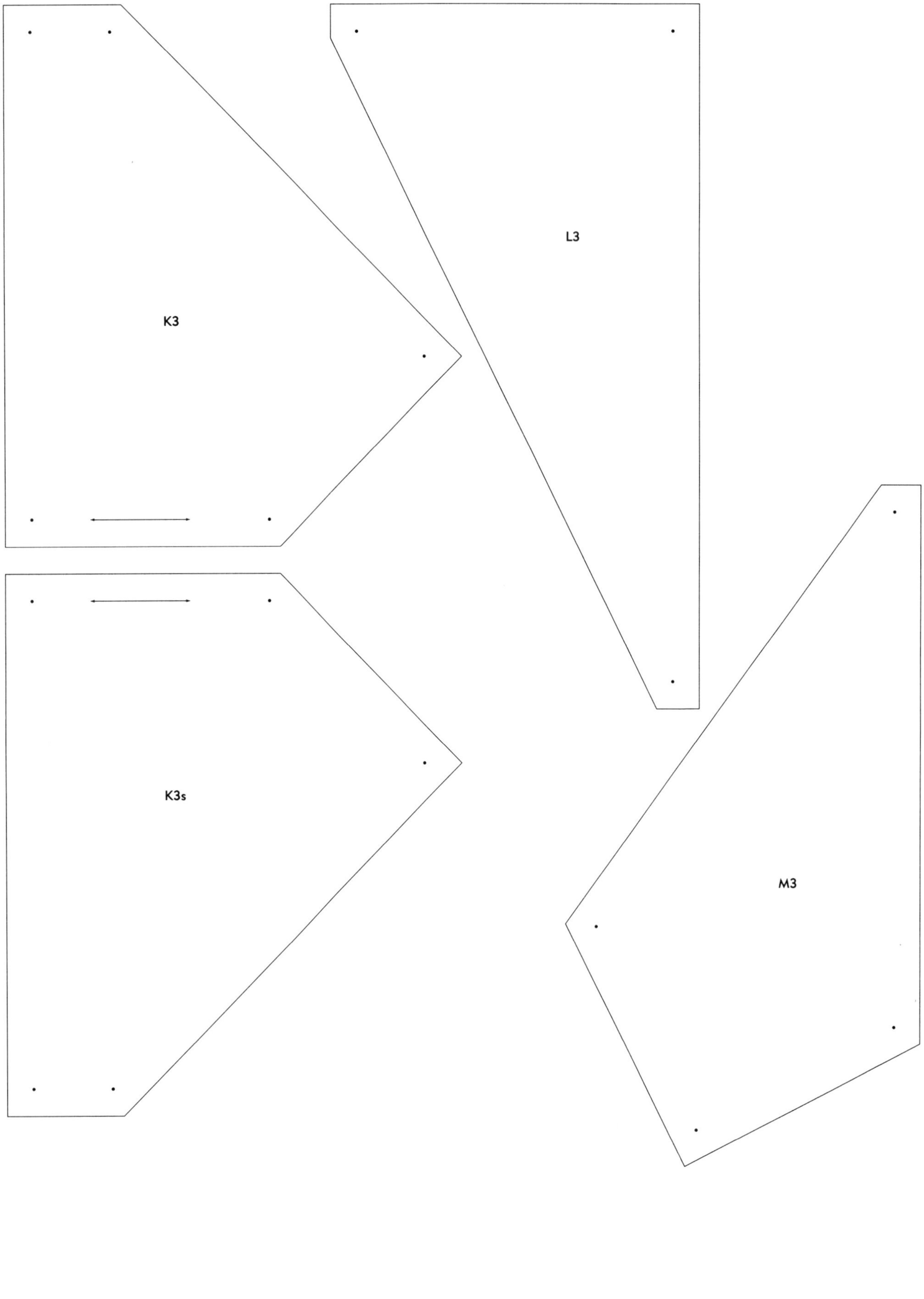
K3
L3
K3s
M3

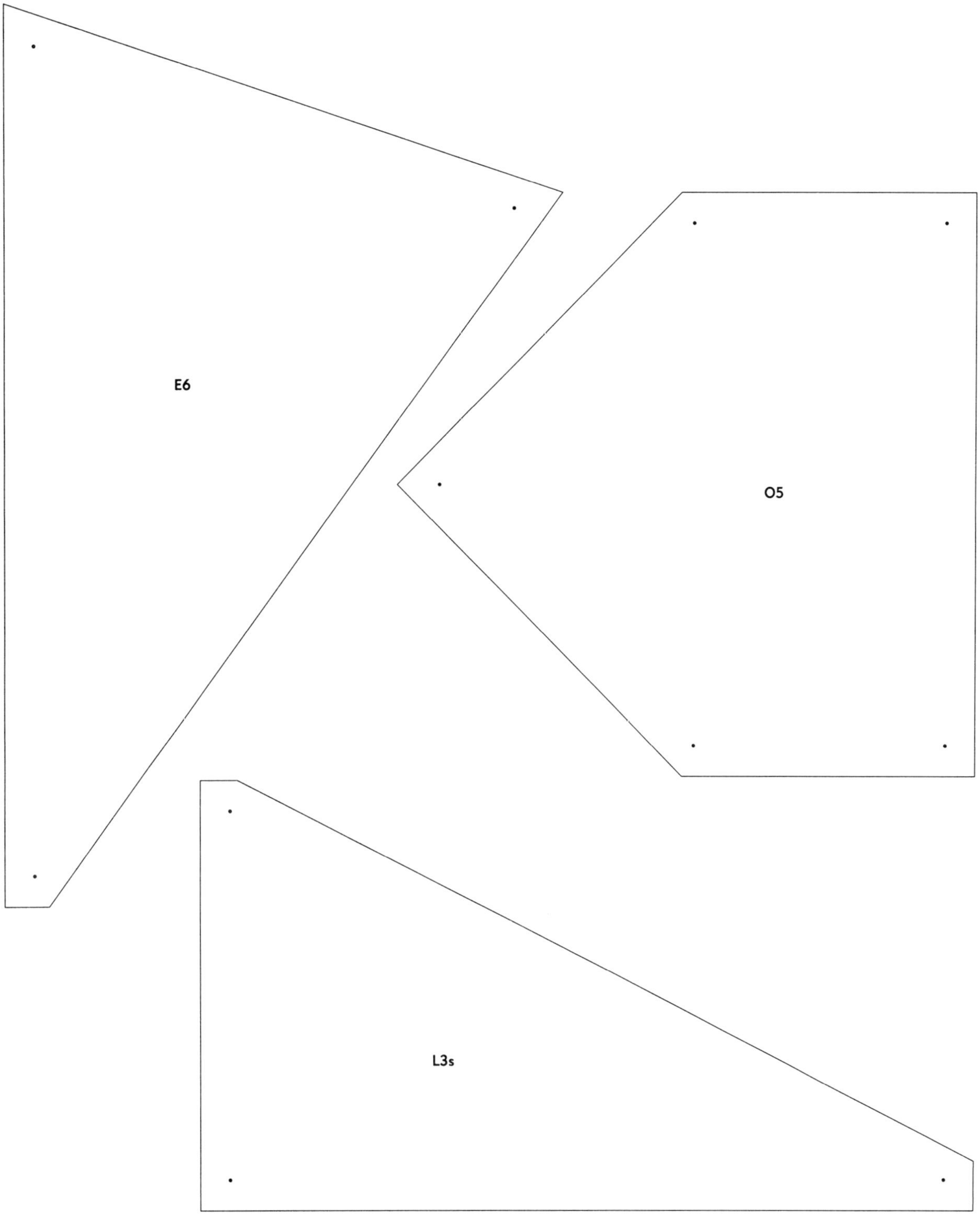
E6
O5
L3s

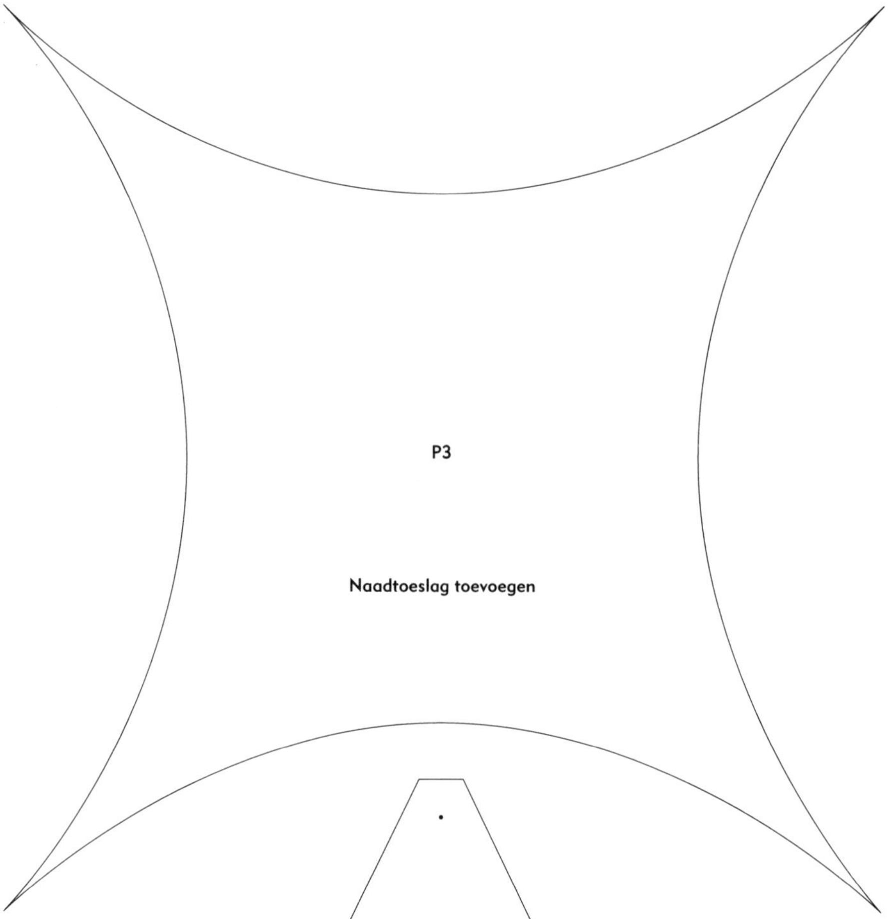
P3
Naadtoeslag toevoegen

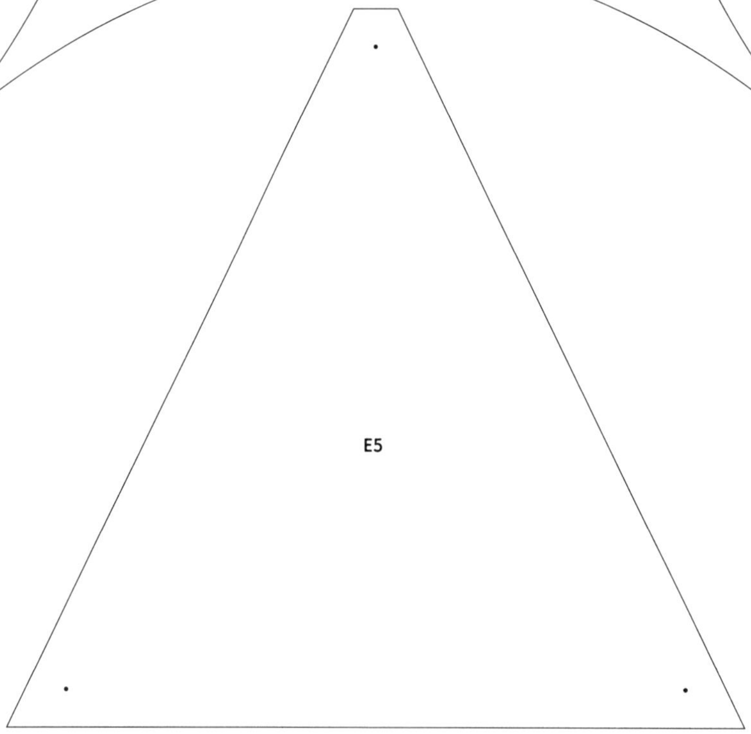
E5

Patroondelen seven patch

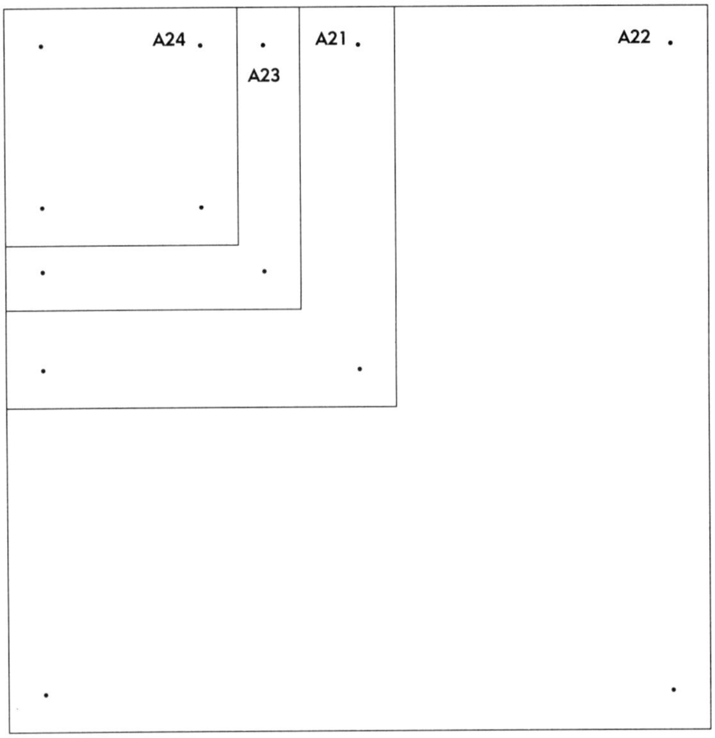
A24
A23
A21
A22

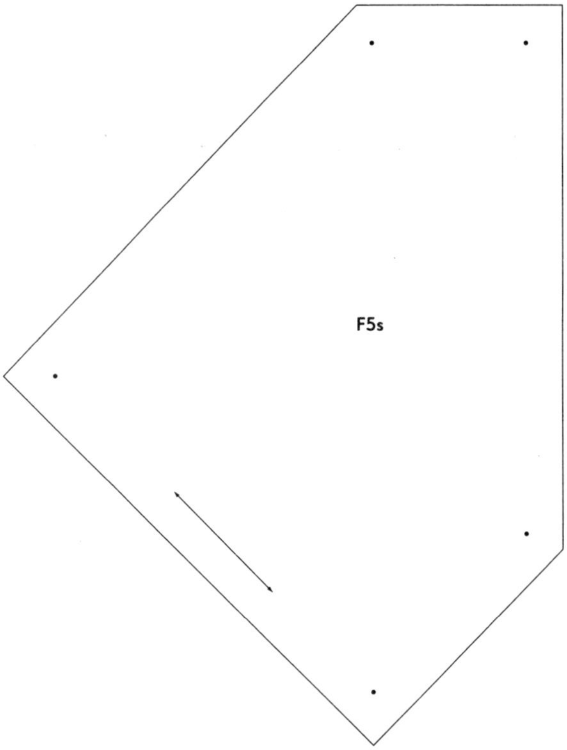
F5s

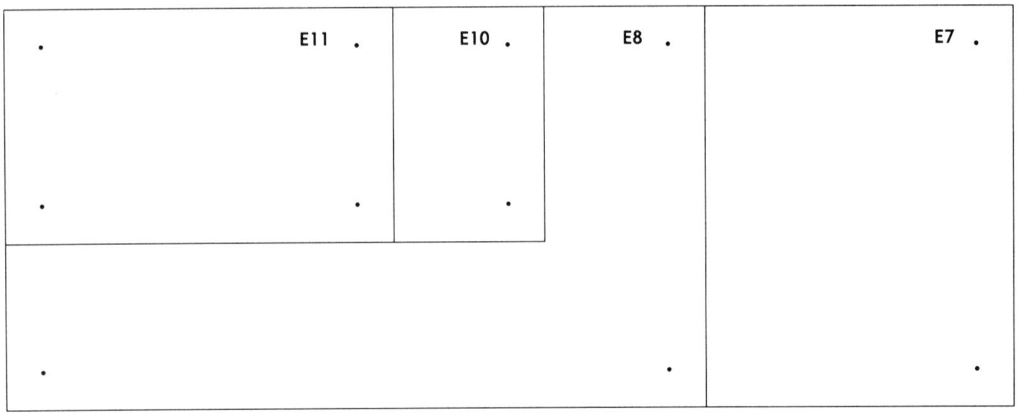
E11
E10
E8
E7

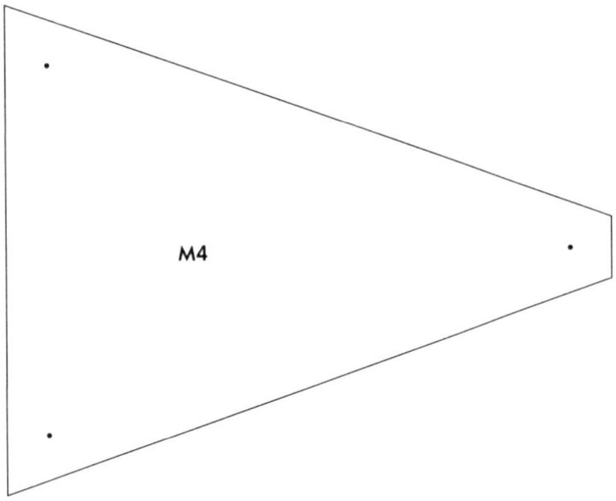
M4

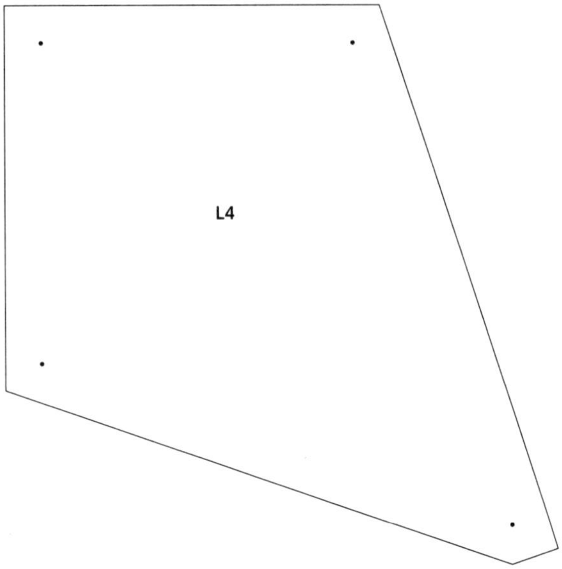
L4

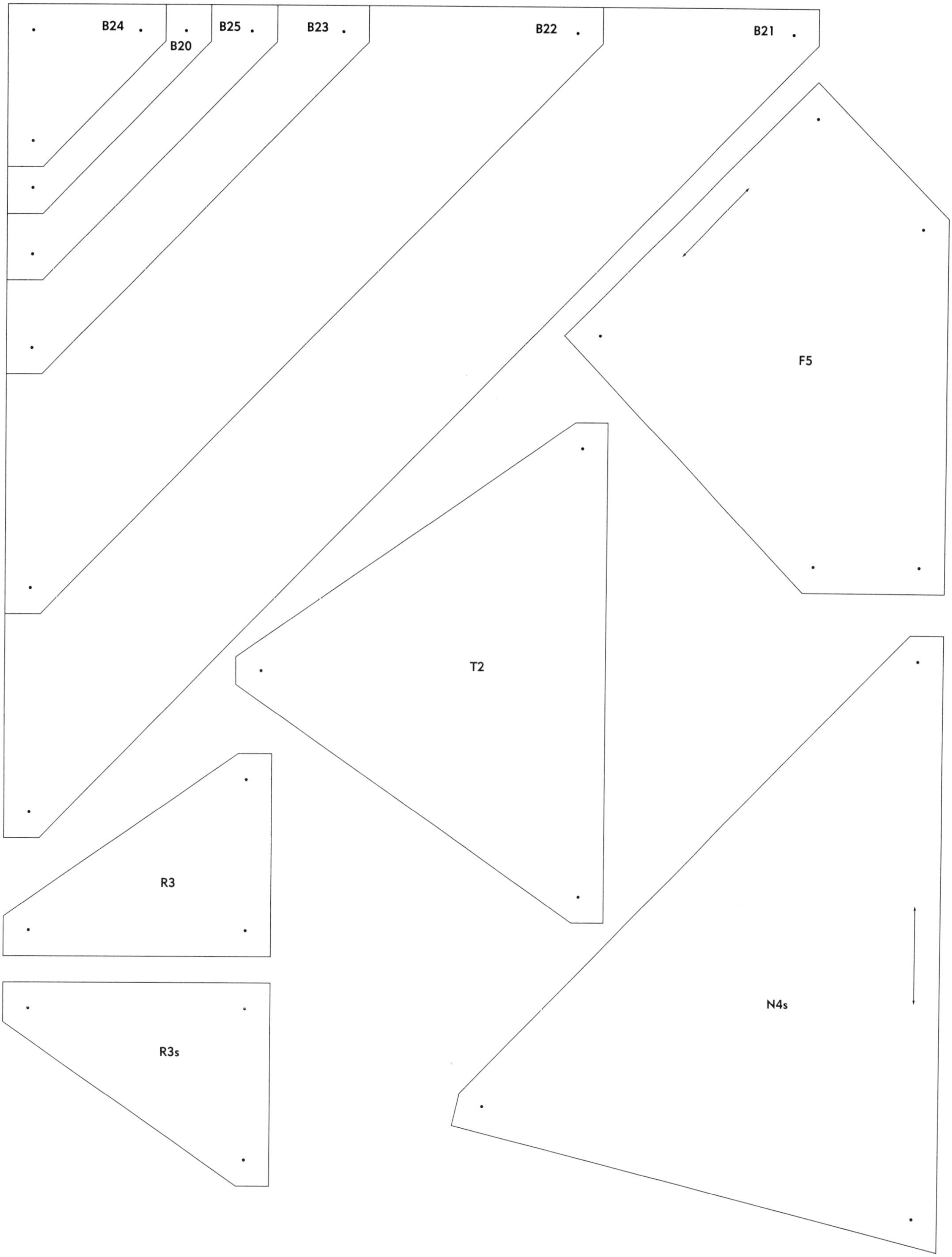
B24
B20
B25
B23
B22
B21
F5
T2
R3
R3s
N4s

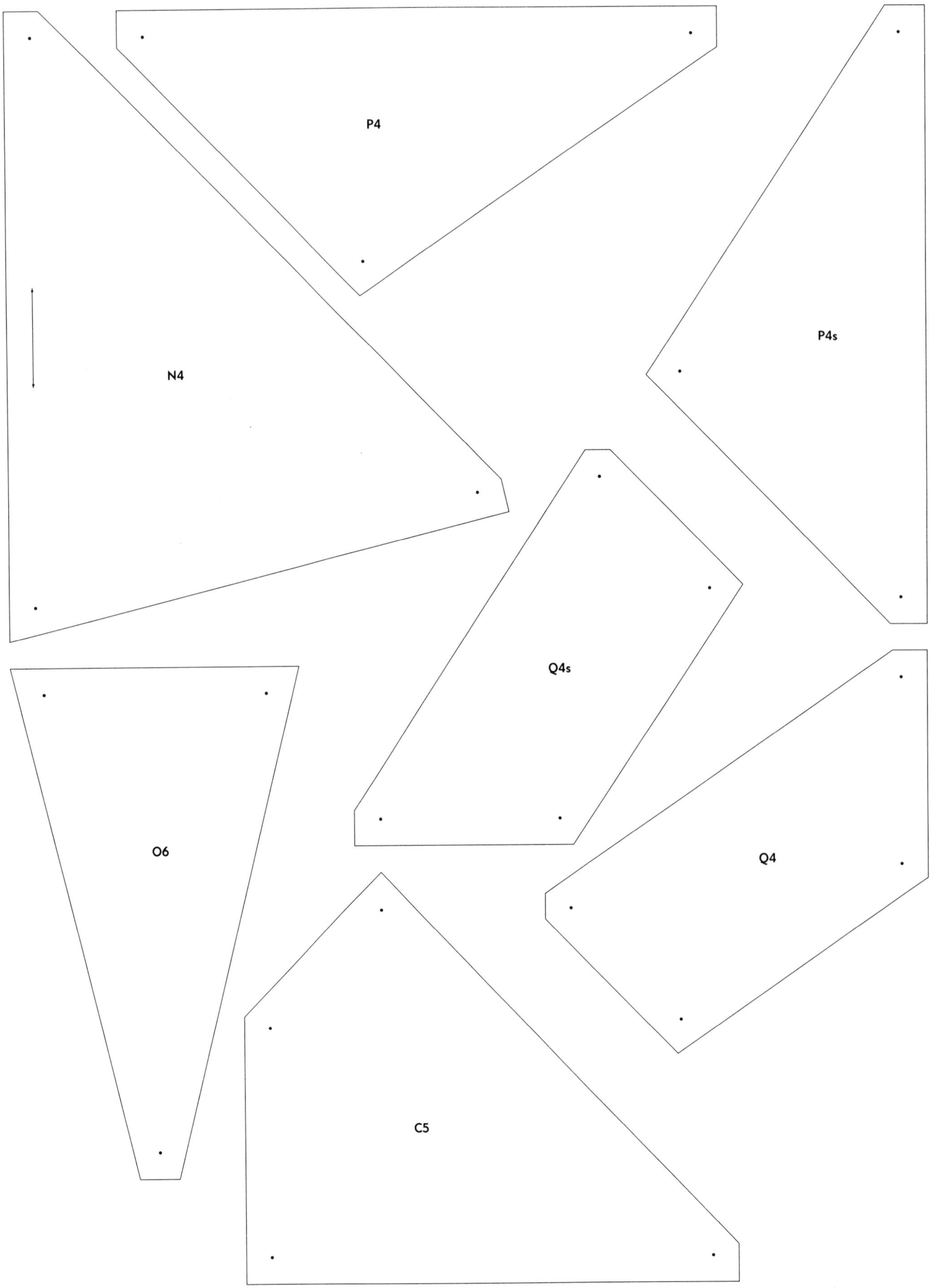
P4
P4s
N4
Q4s
O6
Q4
C5

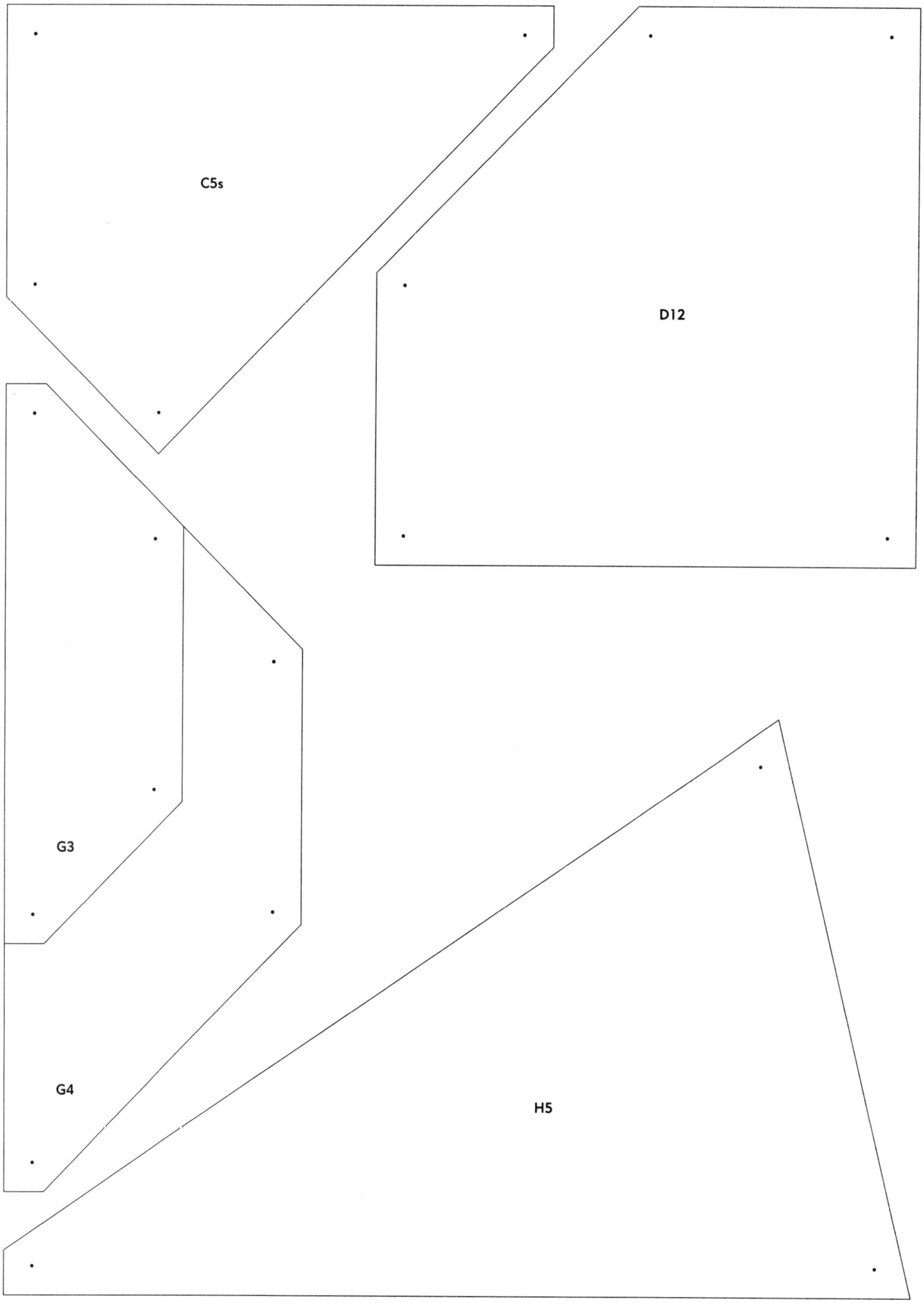
C5s
D12
G3
G4
H5

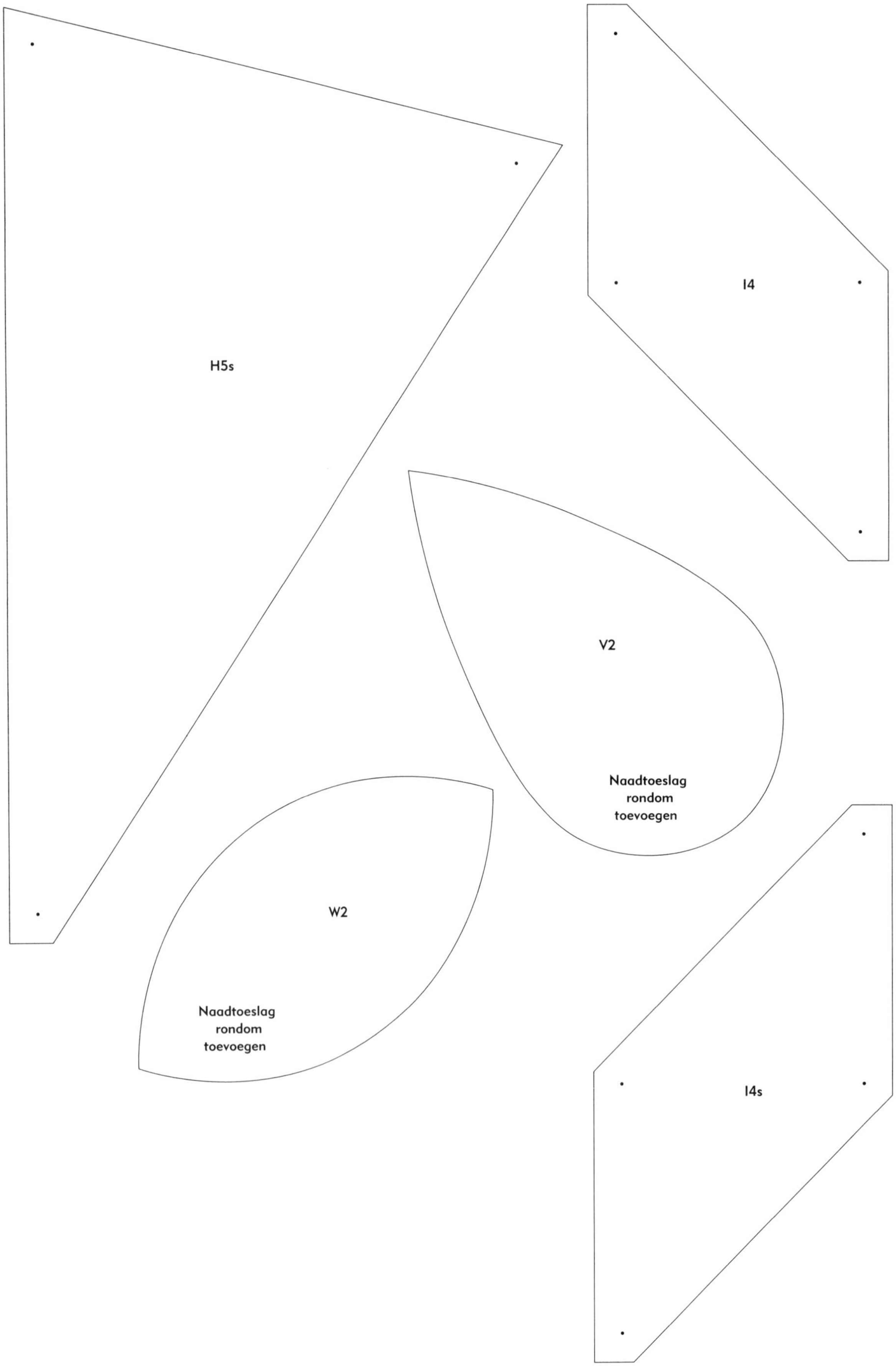
H5s
I4
V2
Naadtoeslag rondom toevoegen
W2
Naadtoeslag rondom toevoegen
I4s

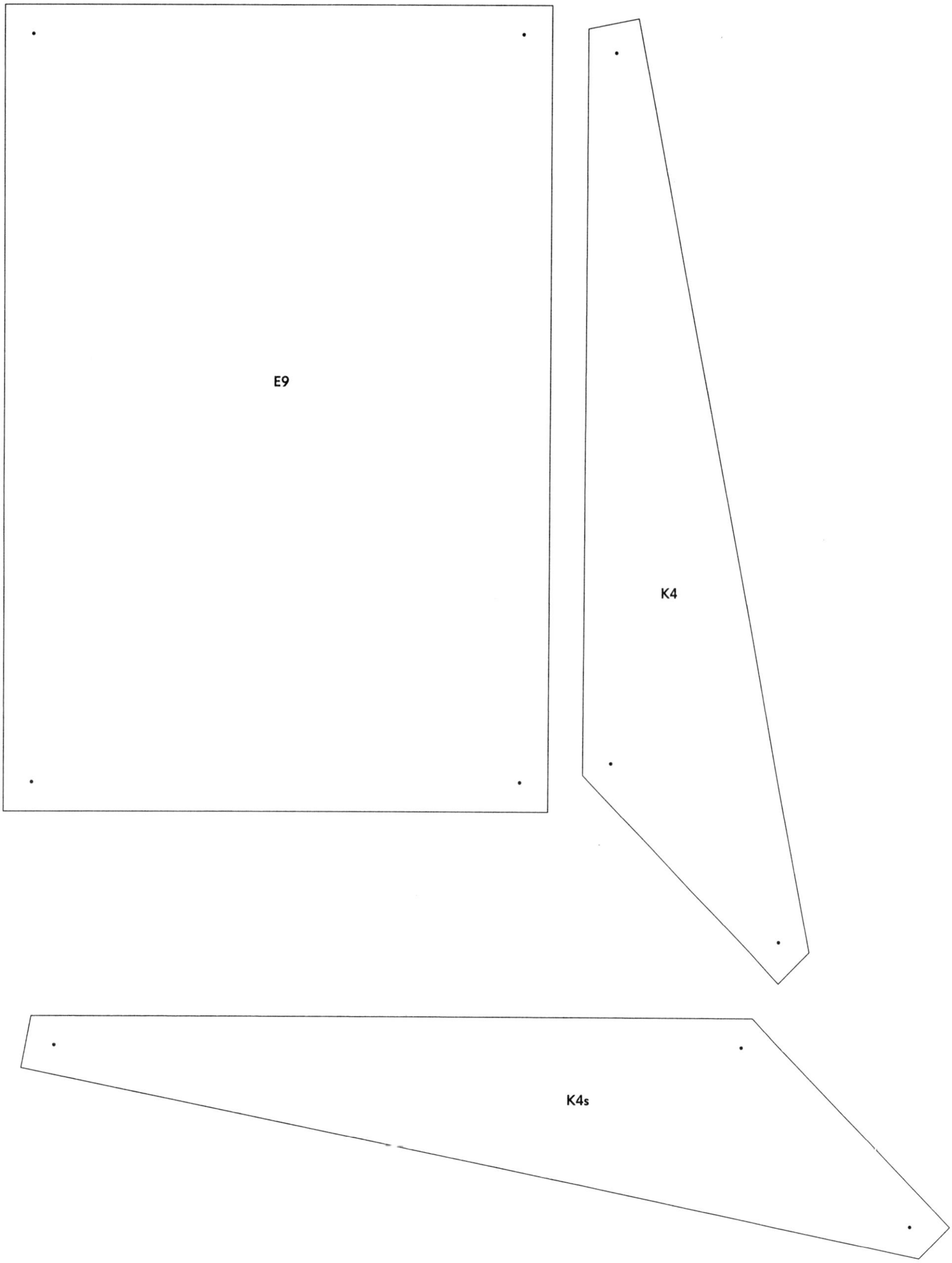
E9
K4
K4s

Patroondelen achthoekindeling

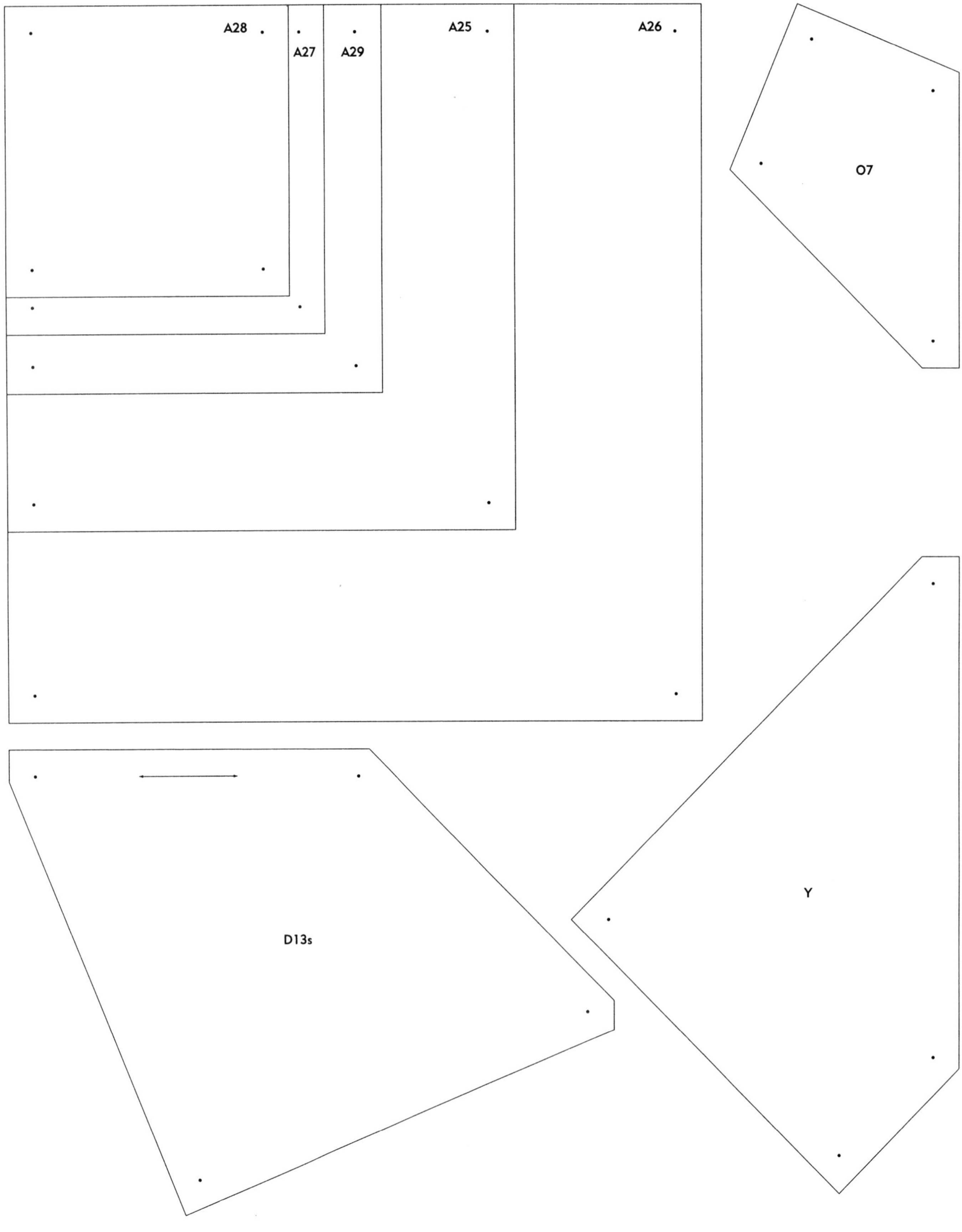
A28
A27
A29
A25
A26
O7
D13s
Y

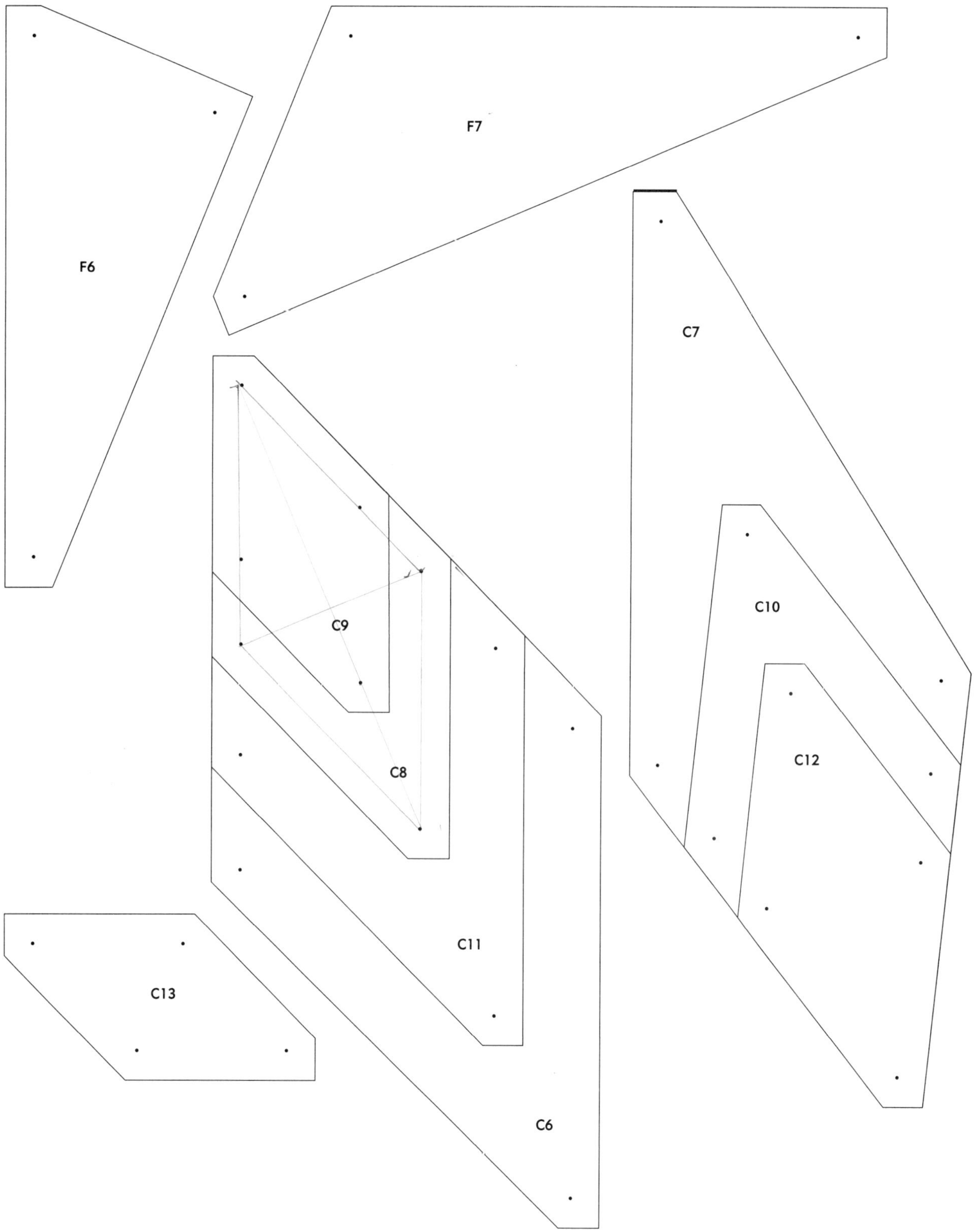
F6
F7
C7
C9
C10
C8
C12
C11
C13
C6

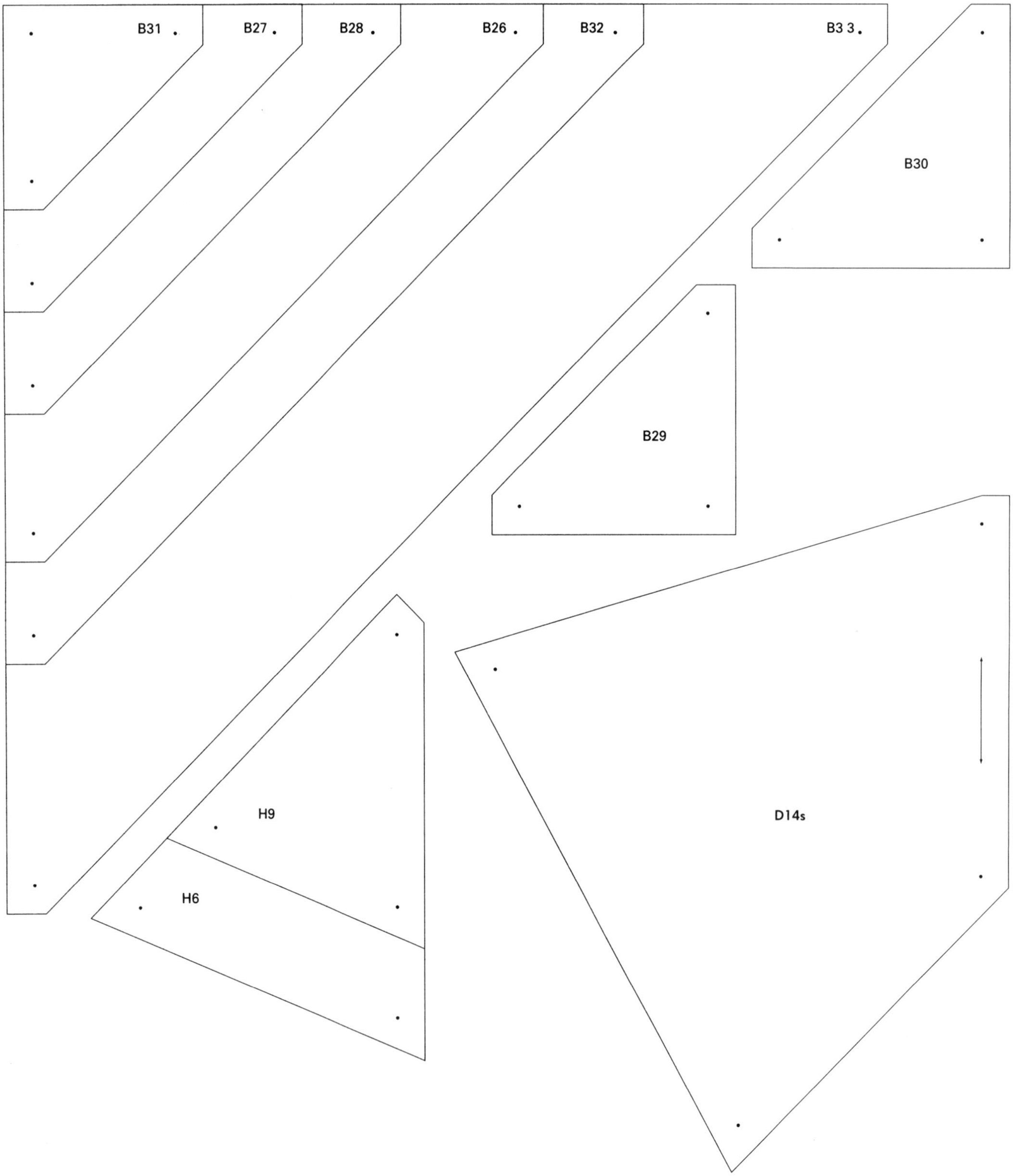
B31
B27
B28
B26
B32
B3 3
B30
B29
H9
H6
D14s

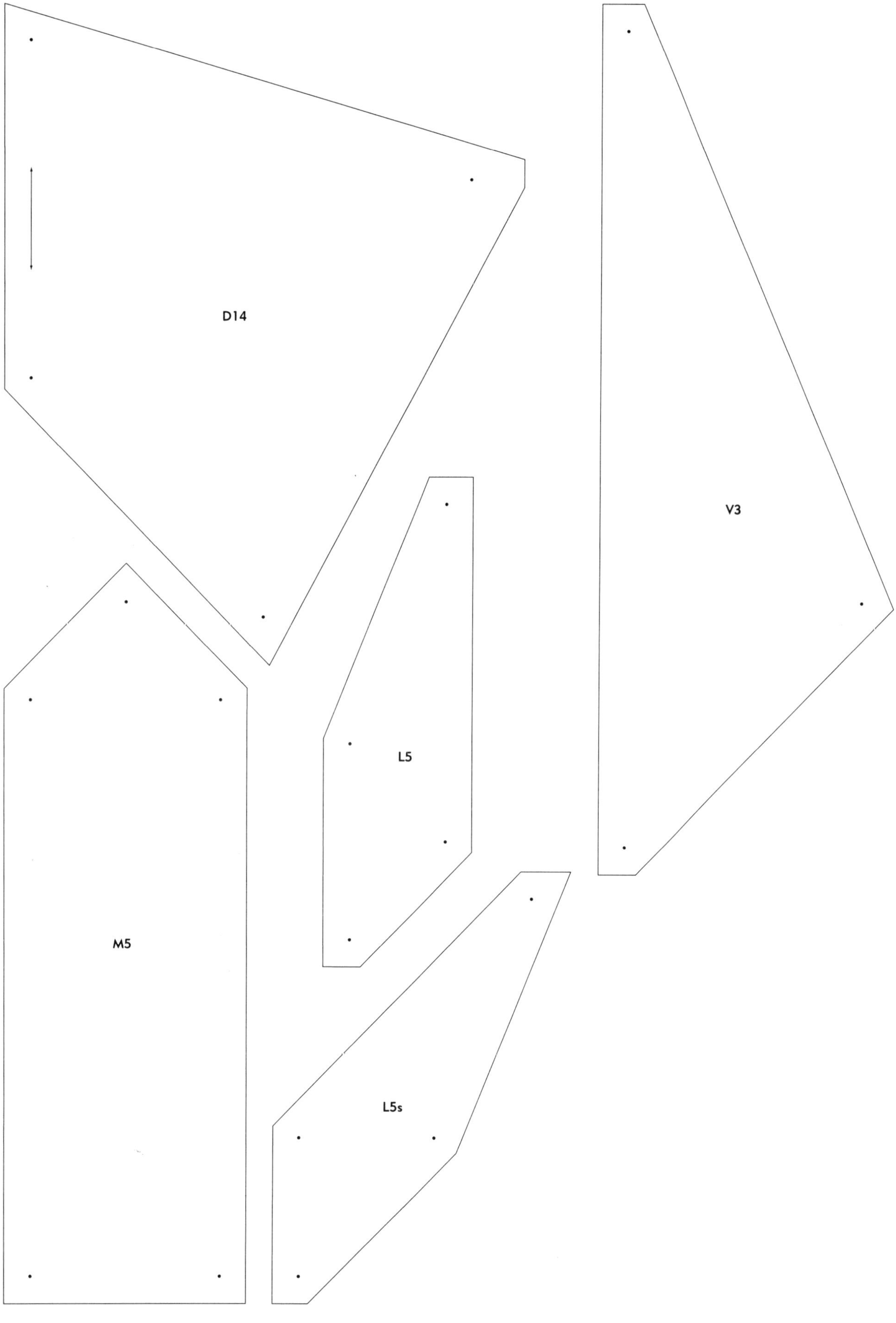
D14
V3
L5
M5
L5s

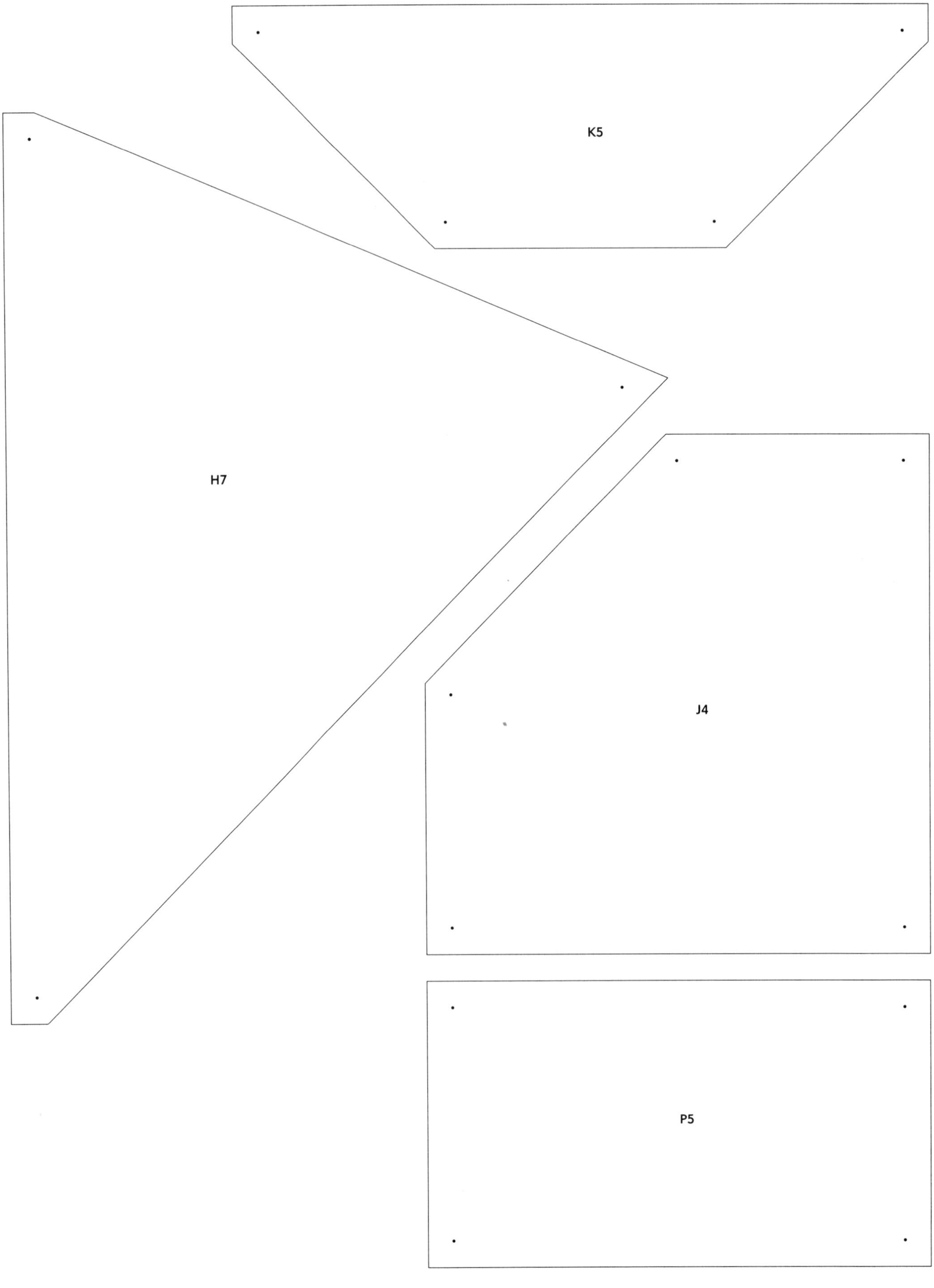
K5
H7
J4
P5

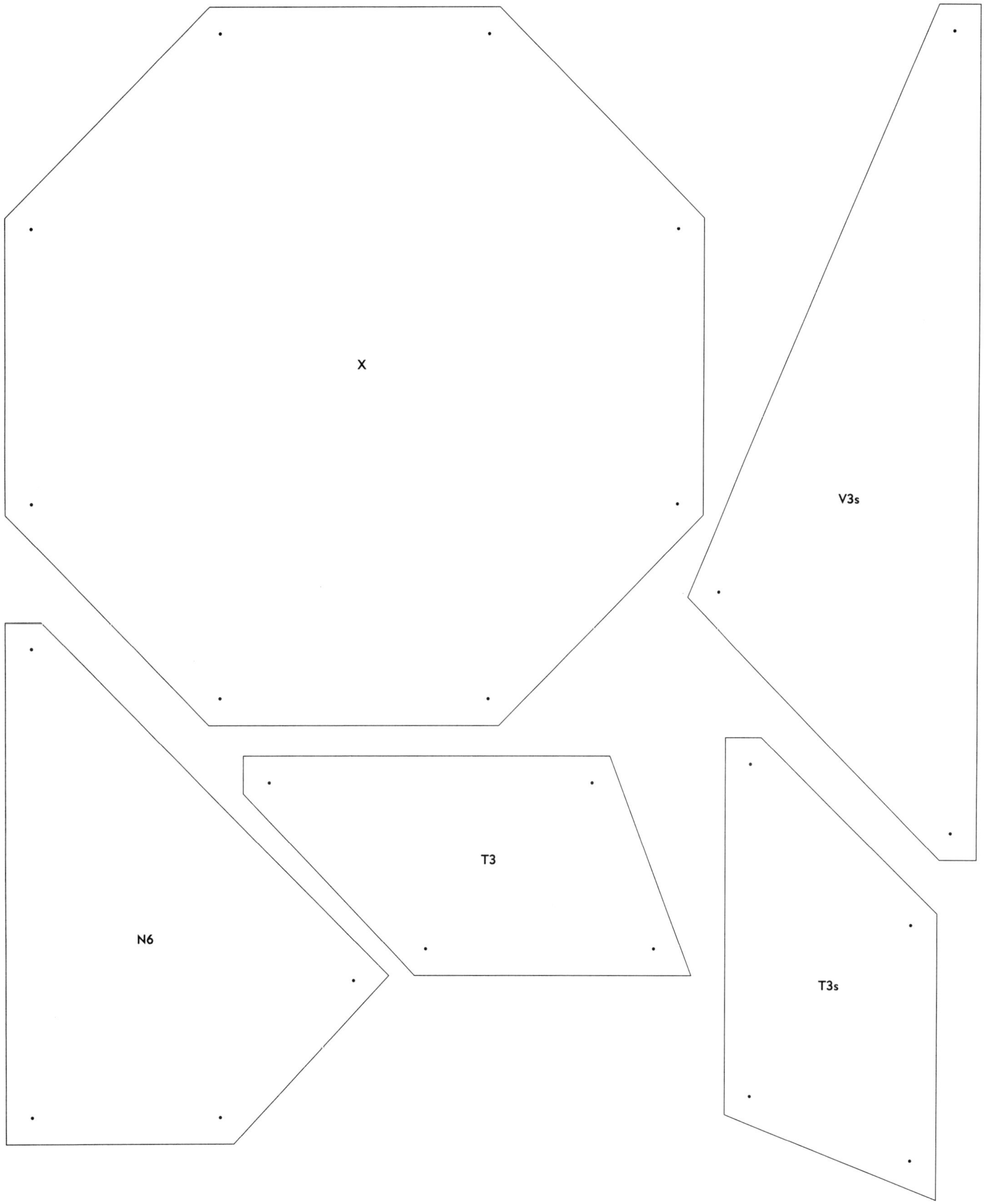
X
V3s
N6
T3
T3s

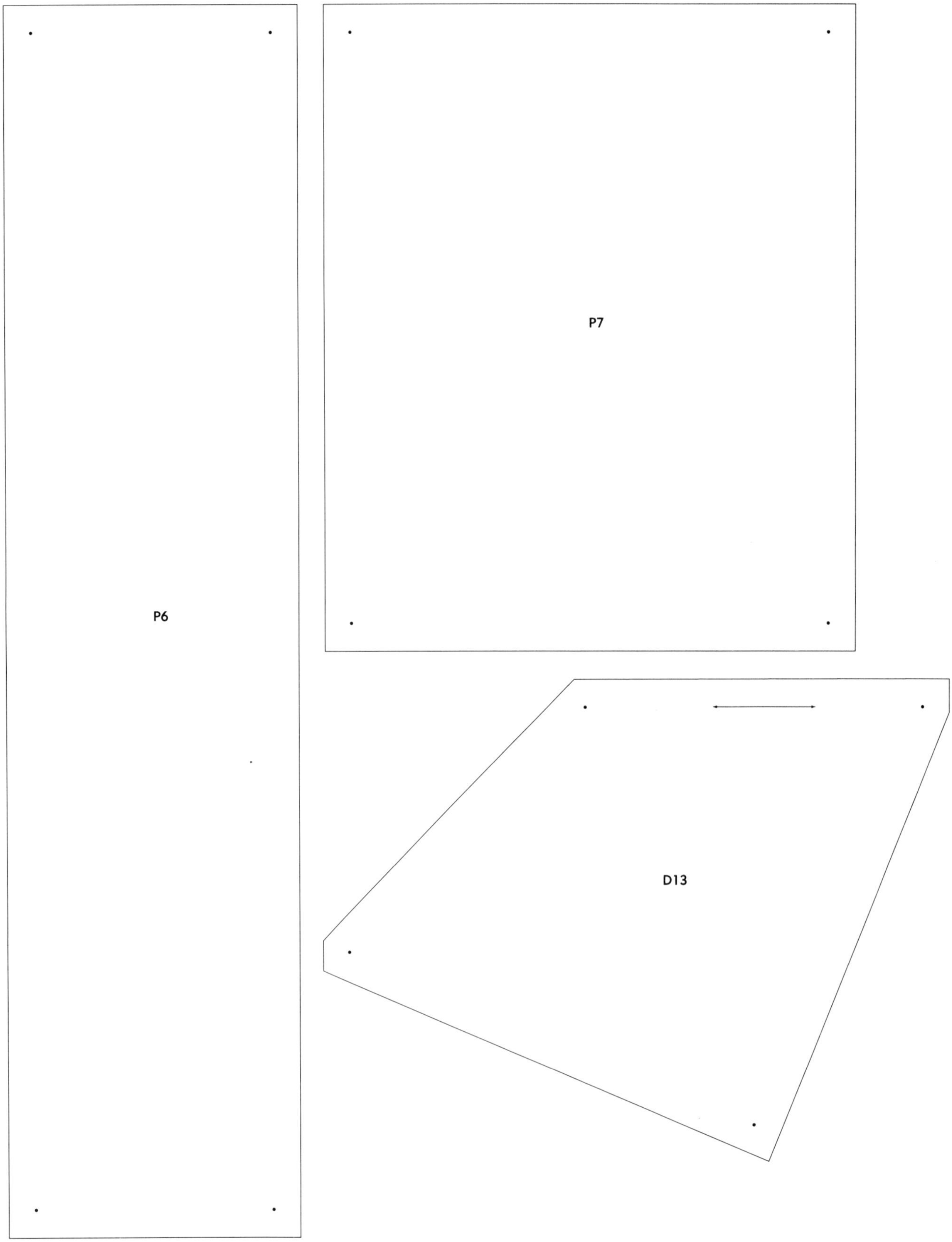
P7
P6
D13

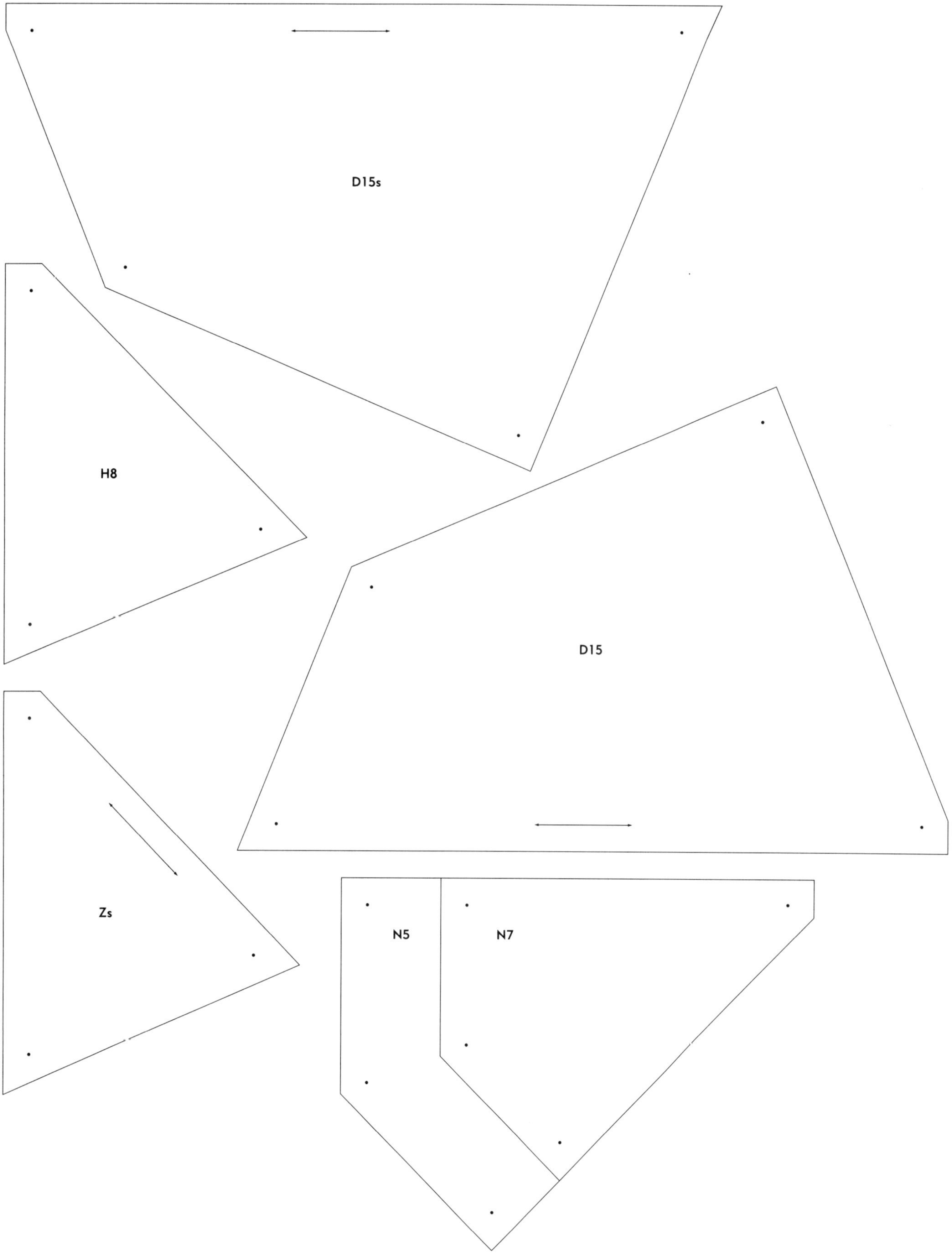
D15s
H8
D15
Zs
N5
N7

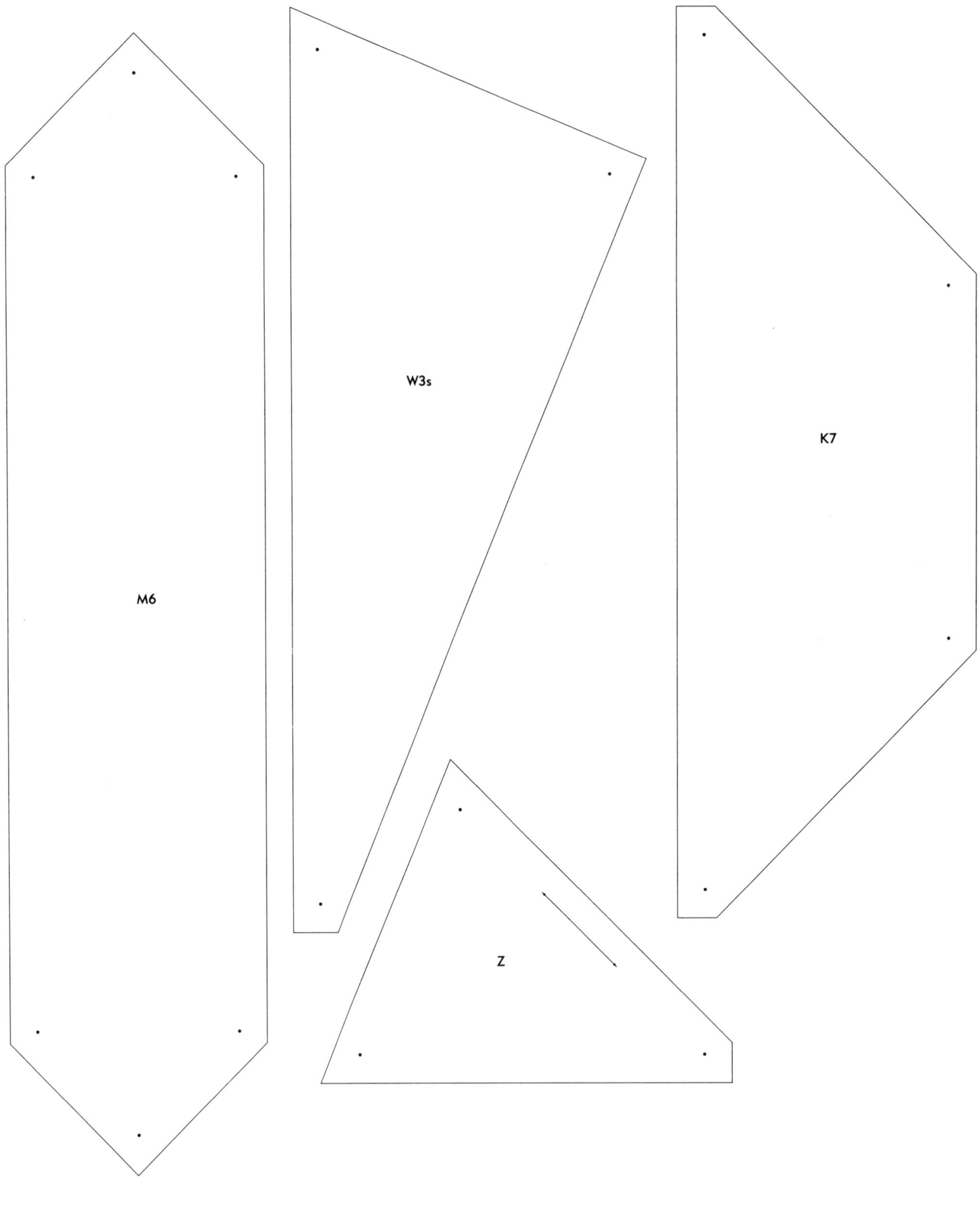
W3s
K7
M6
Z

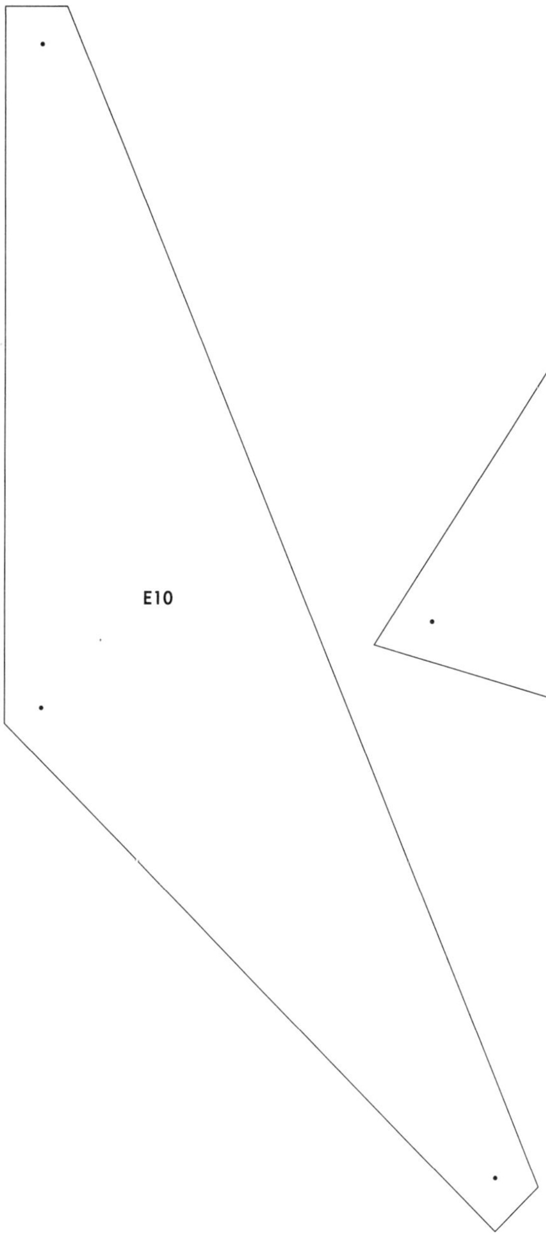
E10

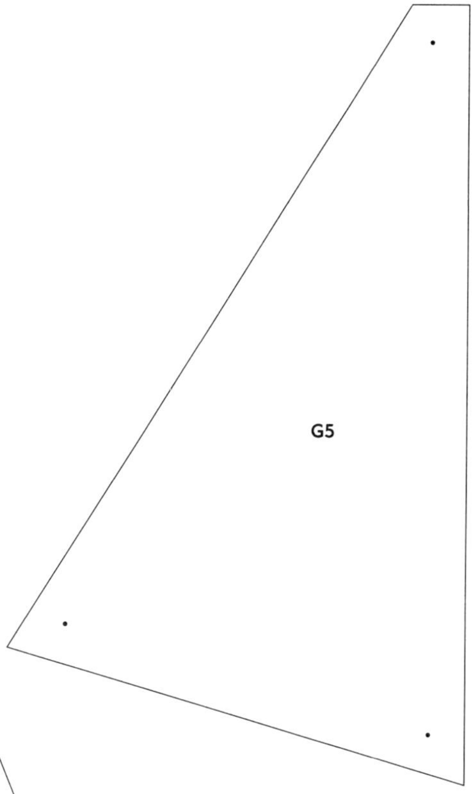
G5

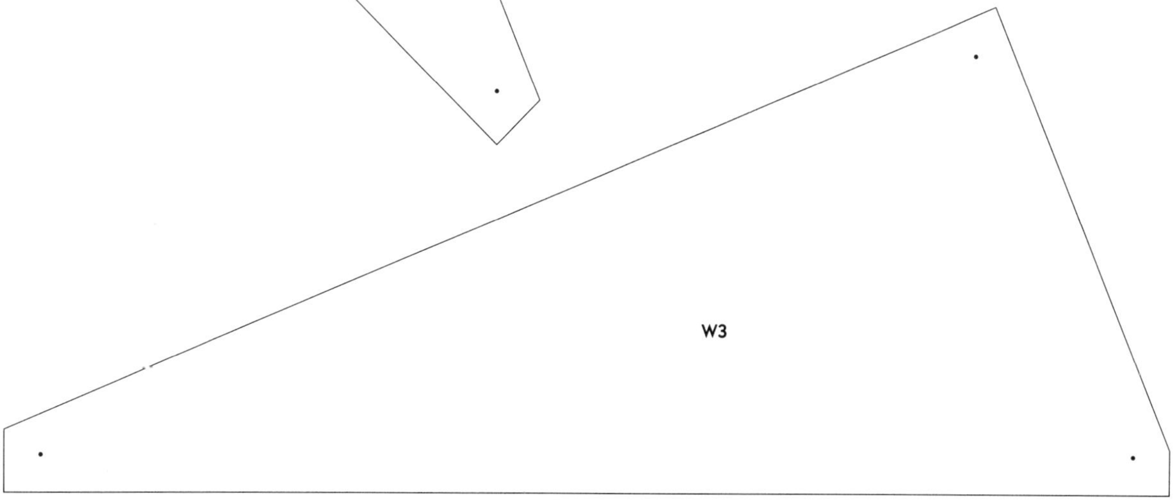
W3

Patroondelen ronde vormen

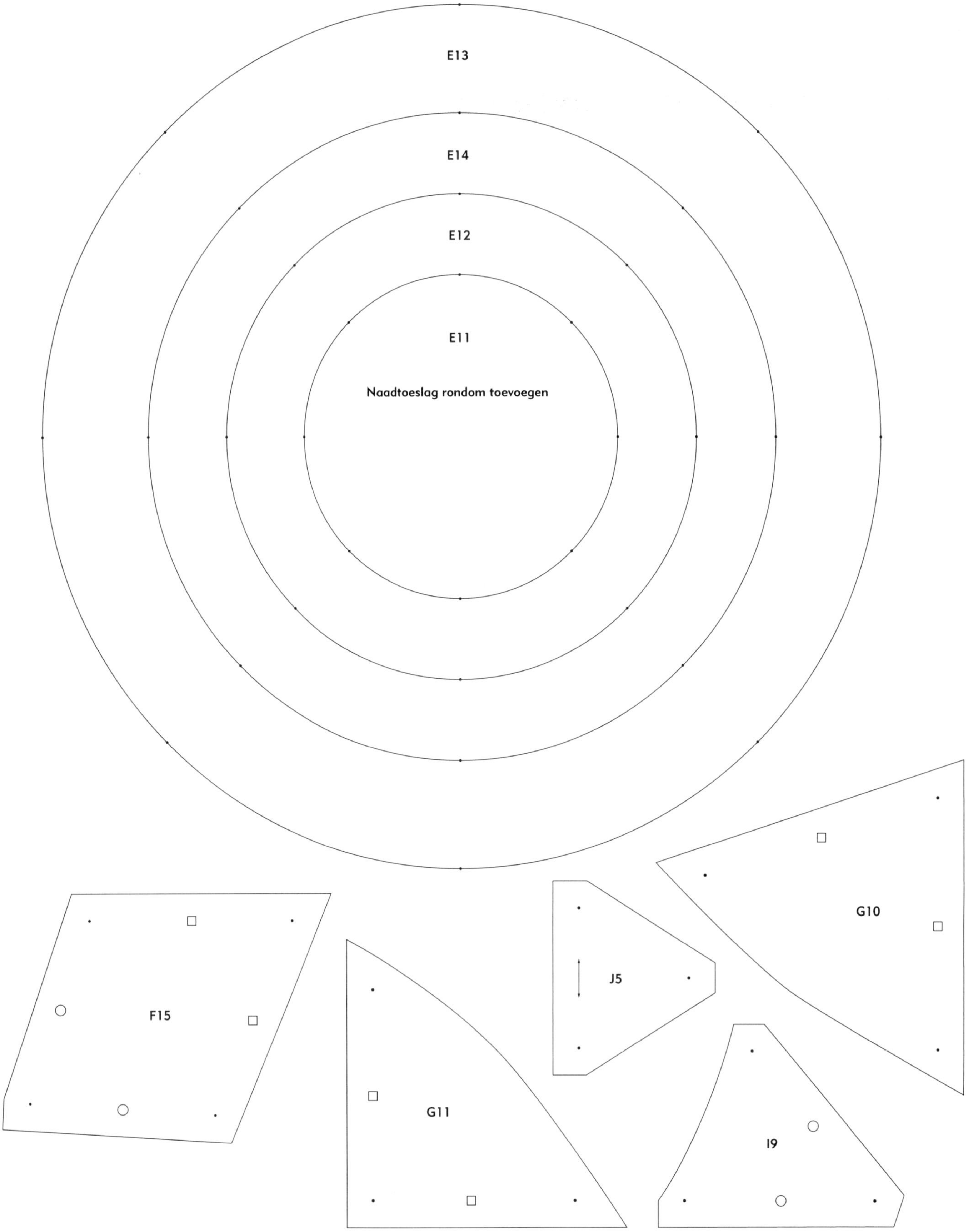
E13
E14
E12
E11
Naadtoeslag rondom toevoegen
F15
G11
J5
G10
I9

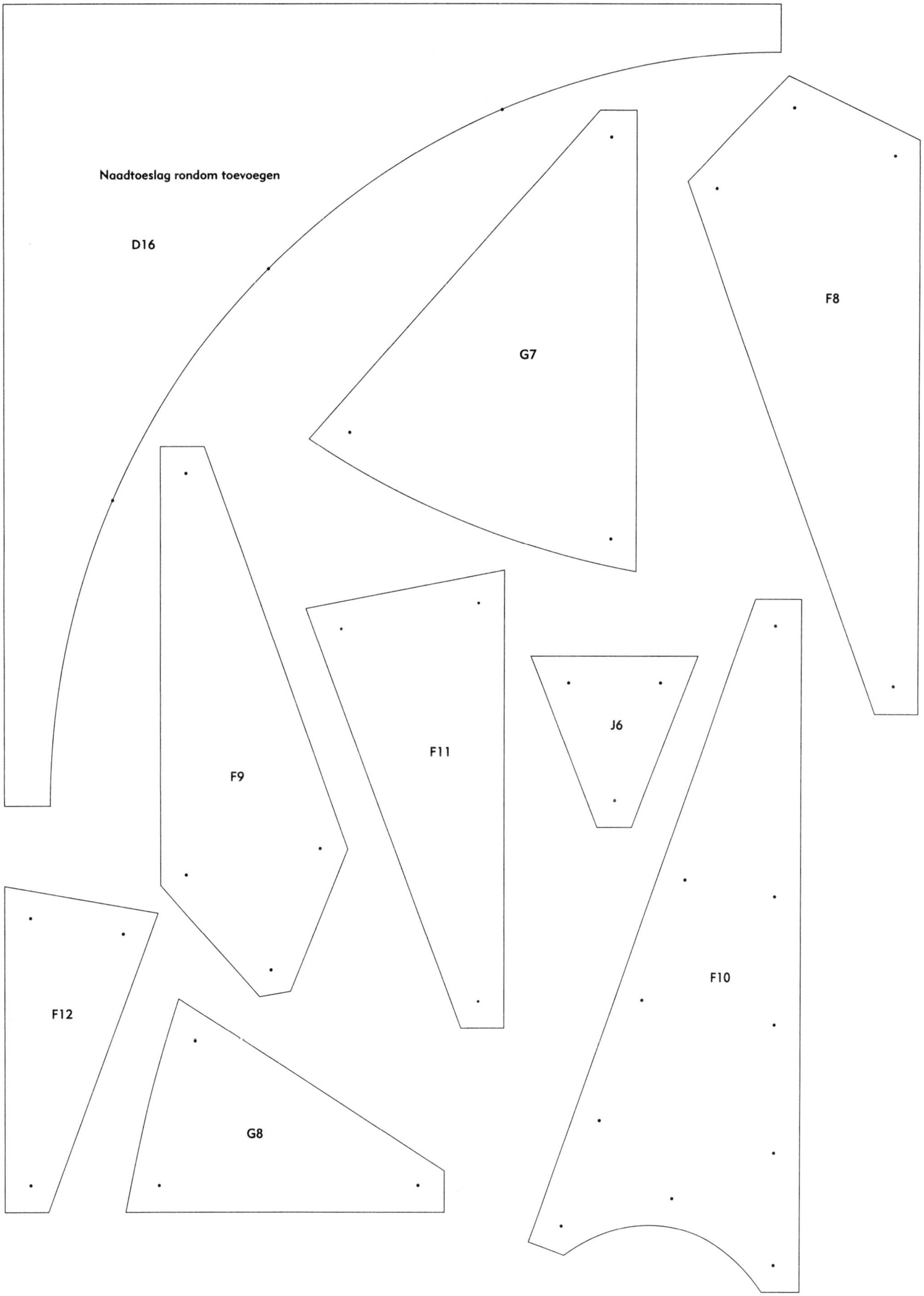
Naadtoeslag rondom toevoegen
D16
G7
F8
F9
F11
J6
F10
F12
G8

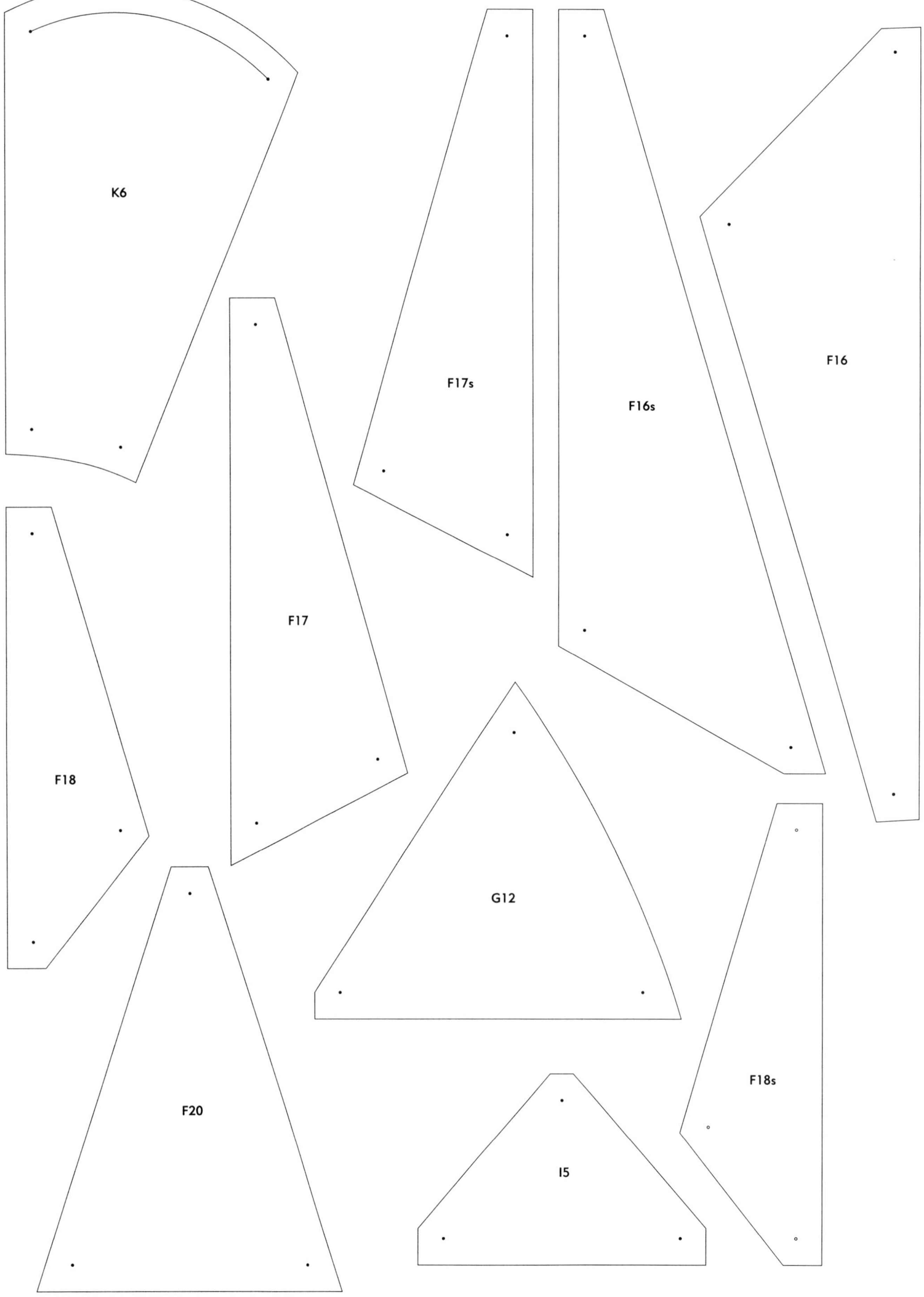
K6
F17s
F16s
F16
F17
F18
G12
F20
F18s
I5

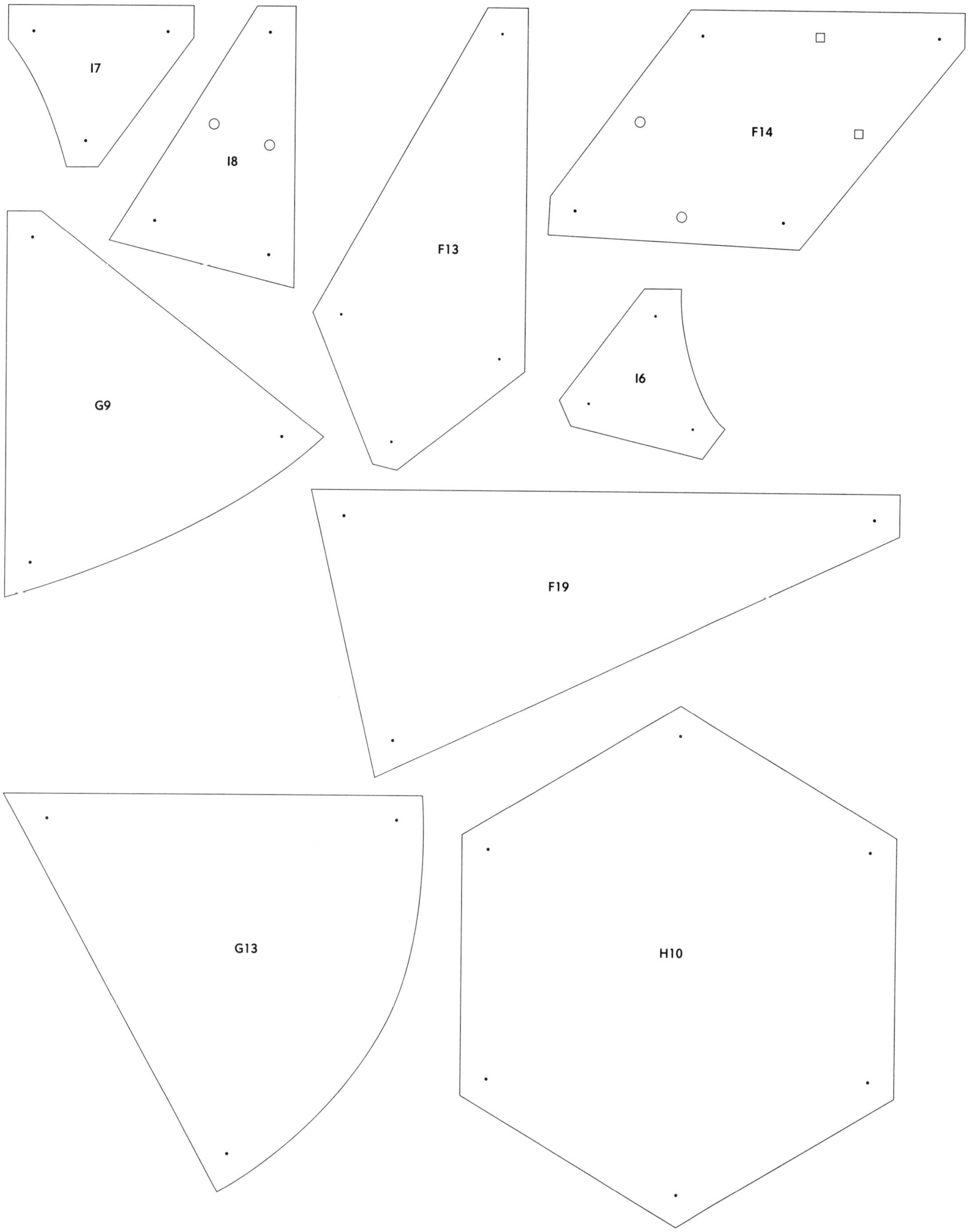
I7
I8
F13
F14
G9
I6
F19
G13
H10

Patroondelen randen

Sommige patroondelen van de randen vindt u bij de Nine patch-patroondelen of de Four patch-patroondelen.

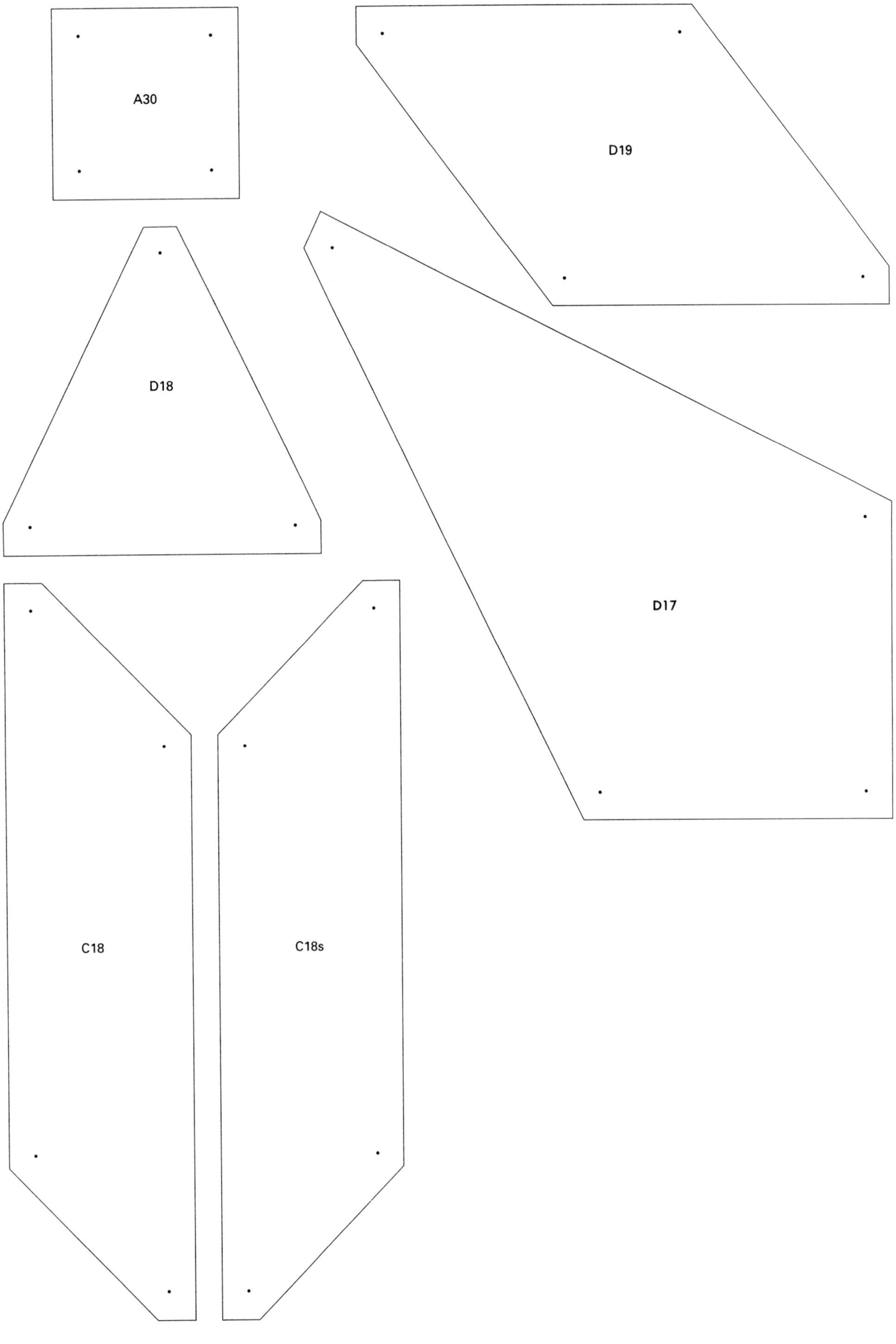
A30
D19
D18
D17
C18
C18s

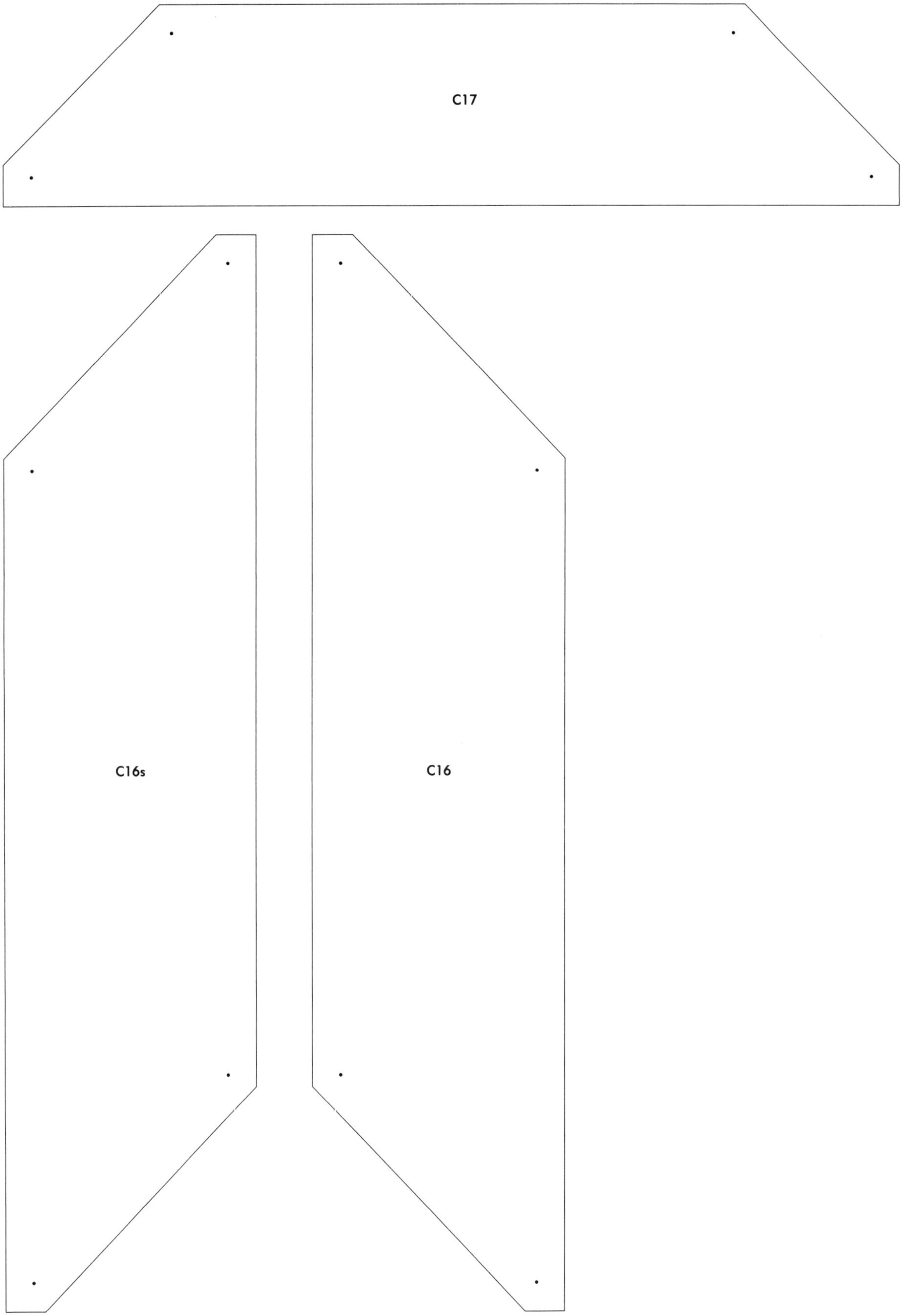
C17
C16s
C16

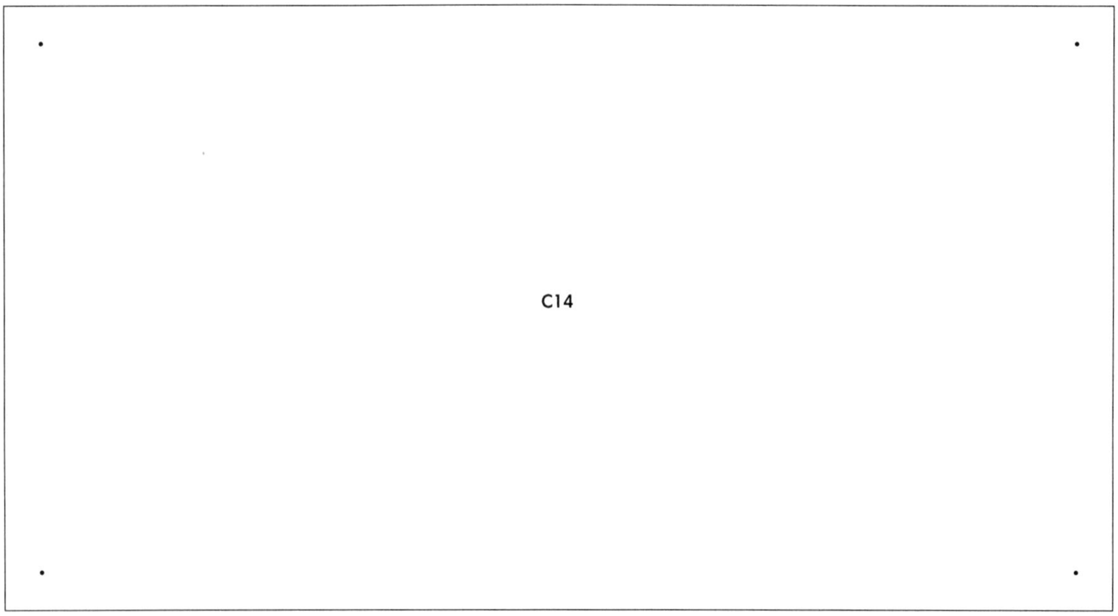
C14

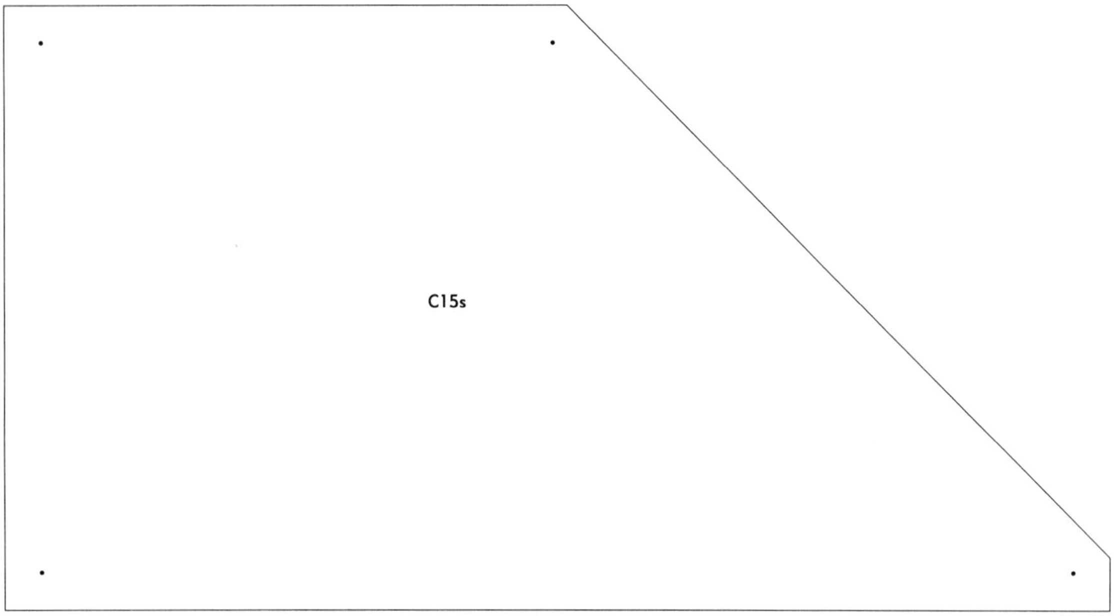
C15s

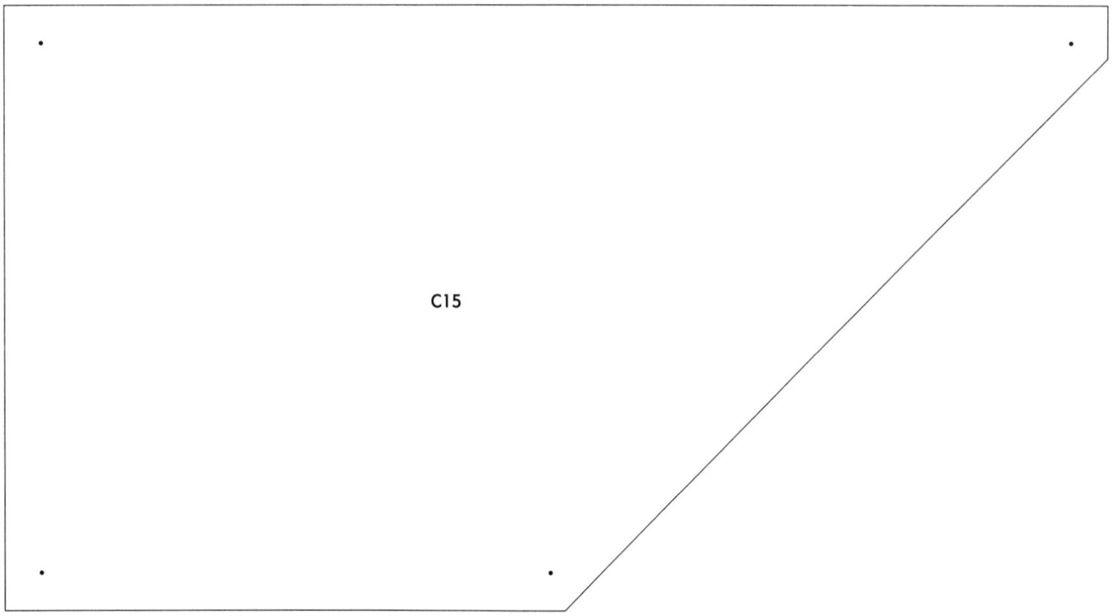
C15

Tussenbaan
Verbinden met andere helft patroon
Verbinden met andere helft patroon

Literatuurlijst

Beyer, J.,	**The Quilter's Album of Blocks & Borders,** Bell & Hyman, 1982
Beyer, J.,	**Patchwork Patterns,** Bell & Hyman, 1982
Beyer, J.,	**Patchwork Portfolio,** EPM Publications, 1989
Frager, D.,	**The Book of Sampler Quilts,** Chilton Book Company, 1983
Leone, D.,	**The Sampler Quilt,** Leone Publications, 1980
Martin, J.,	**Ultimate Book of Quilt Block Patterns,** Crosley-Griffith Publishing Company, 1988
Pieterse, K.,	**Handboek voor patchwork en quilts,** Becht, 1991

Register